U0772061

创新与创业基础

Foundations of
Innovation
and
Entrepreneurship

主 编
黄明睿
张 进

副主编
郭 磊
张凤娜

高等教育出版社·北京

内容提要

本书以效果逻辑理论作为框架设计基础，并将该理论与创新创业进阶式教育体系融合，这是国内创新创业类教材的一次大胆尝试与创新。本书遵循理论导向、能力培养及实践演练的渐进式体例编写，包括创新创业与人生发展、创新思维与探索未来、创造技法与能力突破、个人能力与团队建设、问题探索与原型制作、用户测试与产品开发、商业模式与价值提升、价值呈现与汇报技巧八章内容。

本书应用爱课程网"中国大学 MOOC"上的创新创业类课程资源，便于教师在教学过程中实施混合式教学。本书采用独特的编排形式，内容丰富充实，即：手绘漫画＋知识介绍＋课堂测试＋知识拓展＋慕课链接＋案例分享，充分满足学习者学习的需要。本书主要作为高等院校大学本科"创新与创业基础"课程的核心教材，也可作为各类创业培训及相关人员自主学习的参考书。

图书在版编目（CIP）数据

创新与创业基础 / 黄明睿，张进主编 . —— 北京：
高等教育出版社，2018.3（2022.5重印）
ISBN 978-7-04-049516-4

Ⅰ . ①创… Ⅱ . ①黄… ②张… Ⅲ . ①创业 – 高等学校 – 教材 Ⅳ . ① F241.4

中国版本图书馆 CIP 数据核字 (2018) 第 041362 号

创新与创业基础
CHUANGXIN YU CHUANGYE JICHU

策划编辑	魏延娜	责任编辑	路秋丽
书籍设计	罗 樾　李树龙　廖 瓦　汪勇君		
责任校对	胡美萍	责任印制	耿 轩

出版发行　高等教育出版社
社　　址　北京市西城区德外大街 4 号
邮政编码　100120
印　　刷　河北信瑞彩印刷有限公司
开　　本　787mm×1092mm　1/16
印　　张　11
字　　数　240 千字
购书热线　010-58581118
咨询电话　400-810-0598
网　　址　http://www.hep.edu.cn
　　　　　http://www.hep.com.cn
网上订购　http://www.hepmall.com.cn
　　　　　http://www.hepmall.com
　　　　　http://www.hepmall.cn
版　　次　2018 年 3 月第 1 版
印　　次　2022 年 5 月第 6 次印刷
定　　价　39.80 元

本书如有缺页、倒页、脱页等质量问题，
请到所购图书销售部门联系调换
版权所有　侵权必究
物料号　49516-00

前言

随着"大众创业，万众创新"时代的到来，创新创业教育在大学的普及具有了特殊的内涵：本质上是让每位学生积极地探寻与发现身边的问题，并用创造性的思维解决问题，为社会创造价值。对于高校而言，创新与创业课程应该如何教、应该教什么已经成为必须应对的挑战。

在移动互联时代，技术的快速进步使企业之间的竞争加剧，高度的不确定性让初创企业的经营活动变得更加丰富多彩。2017年11月，腾讯公司市值突破5000亿美元，成为全亚洲市值最高的公司，简单回顾腾讯的初创历程：1998年11月，马化腾和同学在深圳注册成立公司，公司的主营业务是为寻呼台建立网上寻呼系统；1999年2月，腾讯公司开通即时通讯服务（OICQ），与无线寻呼、GSM短消息、IP电话网互联。2000年前后，全球互联网行业遭受了很大的冲击，创业团队无法清晰地指出公司的发展方向，一度陷入没有历史数据可以研究，没有同行标杆可供参考，没有合适的预测模型，甚至顾客的需求都无法确认的困境。由于创业情境的特殊性——不确定性和不可预测性的影响，创业者怎样做决策？[1]如何发现未知的客户需求并提出解决问题的方案？如何为不存在的市场制订营销战略？如何在不确定性竞争环境中构建企业的商业模式并实现可持续发展？这些问题极具理论和现实意义，并直接挑战传统创业决策理论——因果逻辑。

莎拉斯（Saras D. Sarasvathy）在2001年提出了新的创业决策理论：效果逻辑。对比以上两种理论：因果逻辑是一个以目标为导向的决策过程，即基于给定的目标，从现有手段中筛选出最优方案以实现预设目标；而效果逻辑通常是一个以手段为导向的决策过程，更强调从给定的手段中创造出可能的结果。[2]简而言之，因果逻辑关注在给定的目标和可能的手段下应该做什么；效果逻辑则强调在给定的手段和可能出现的结果下可以做什么。[3]受传统创业管理理论的影响，目前高校的创新创业教育主要倾向于因果逻辑决策理论，在内容上过于注重把创业看作一种目标导向的行动，并没有重视培养和发展大学生的创业逻辑思维能力。基于此背景，本书认为高校创新创业教育应避免功利导向，回归创业教育的创新本质。

效果逻辑理论是比较适合当前环境下初创企业的创业框架的，在某种程度上，效果逻辑理论为创业者"摸着石头过河"提供了非常好的思维框架和方法指引，本书运用效果逻辑理论作为框架设计基础，并将该理论与创新创业进阶式教育体系融合，这是国内创新创业类教材的一次大胆尝试与创新。本书分为三大模块，包括八章：意识激发模块（第一章至第三章），旨在激发大学生创新创业的意识与精神；能力训练模块（第四章至第七章），旨在培养大学生在创新创业过程中的相应技能；实践操作模块（第八章），旨在提供大学生实际操作与呈现创新创业作品的机会。（见后"前言导视图"。）三大模块的知识联系紧密，让学生在循序渐进的学习过程中，逐步提升探寻问题、发现问题、解决问题的能力。

第一章创新创业与人生发展，主要介绍创新与创业的概念、创业思维与人生发展的关系。第二章创新思维与探索未来，主要介绍几种常见的创新思维、创新思维对未来发展的影响。第三章创造技法与能力突破，主要介绍几种常用的创造技法及其应用。第四章个人能力与团队建设，主要介绍创业团队构成及建设。第五章问题探索与原型制作，主要介绍问题探索的过程以及常见的原型制作方法。第六章用户测试与产品开发，主要介绍用户测试的几种方法以及不同产品开发方法的区别。第七章商业模式与价值提升，主要介绍常见的商业模式、如何进行商业模式优化。第八章价值呈现与汇报技巧，主要介绍商业计划书的编撰与汇报技巧。本书着墨最多的章节是第七章：商业模式与价值提升。我们认为，商业模式是一个系统逻辑，它不仅描述了企业创造价值、传递价值和获取价值的基本原理，还能引发创业者思考个人的商业模式，并能帮助创业者规划人生，实现更大的人生价值。这与我们所理解的创新创业教育的本质是一致的。

如前文所述，大学生创新创业教育主要基于目标导向的因果逻辑理论，但在高度不确定性的环境中，具体的任务目标是无法明确的。因此，新时代创新创业教材应鼓励大学生整合身边资源，积极探索社会问题，勇于承担社会责任，培养企业家精神。本书定位于在校大学生，是一本创新创业类通识教材，框架设计的理论基础基于手段导向的效果逻辑理论，并吸收了精益创业、设计思维等较新的国际创业思维，重点在于激发大学生创新创业意识，培养团队合作精神，勇于承担，敢于冒险，从而使学生形成面对不确定性环境的创业决策思维能力以及创造性解决问题的能力。

本书与时俱进、开拓创新。在内容上，抛开老旧的商业案例，追求真实案例与相关学科的交叉融合，并且将选取的案例与本章知识点有机结合，在分析案例时加入更多可视化的元素，以此强化知识点的运用。在形式上，每章的开篇都设计了一个以手绘漫画为载体的对话，以此引出该章节的内容，激发学习者的学习兴趣。文字部分经过设计排版，达到了知识内容可视化的呈现效果。值得一提的是，近两年爱课程网"中国大学MOOC"推出了36门创业类慕课[④]，这为本教材的知识拓展以及创新创业课程进行线上线下混合式教学提供了良好的学习平台。本书在内容、形式上进行了一次大胆的尝试与创新，希望能够打造出一本新时代创新创业特色教材，为国内创新创业教育资源的建设贡献力量。

本书创作团队来自广东技术师范学院，黄明睿、张进担任主编，郭磊、张凤娜担任副主编，钟健雄、赵华、彭炜锋、王友涵、王婷婷参与编写工作，罗樾、廖瓦、汪勇君负责书籍设计工作，余祥治、陈伊颖、梁金慧、赖梦男、黎浩敏、张家文、曾英杰参与资料收集整理工作。全书由黄明睿负责框架设计、统稿与定稿。

在本书创作过程中，李家华、张玉利等老师主编的《创业基础》、朱燕空老师主编的《创业学什么》以及亚历山大·奥斯特瓦德、伊夫·皮尼厄等编著的《商业模式新生代》《价值主张设计》等大量的国内外文献资料，为本书提供了有益的启发与参考，在此谨向以上文献资料的作者表示衷心的感谢！冯林、尹胜君等老师无私向本书奉献了他们主持的中国大学MOOC"脑洞大开背后的创新思维"和"创业3+3"两门课程中的微视频，在此谨向以上课程建设团队的老师们表示衷心的感谢！在本书付梓之际，感谢广东技术师范学院领导对创作团队的大力支持，感谢高等教育出版社的编辑团队对本书给予的包容与肯定，感谢爱课程网为教材提供了丰富的资源链接以及为广东技术师范学院创业类慕课建设工作给予的大力支持，特别感谢高等教育出版社魏延娜、路秋丽两位老师为创作团队提出许多对本书质量提高大有裨益的建议，以及爱课程网任海燕老师的鼓励与支持。

由于水平有限，本书还有不足之处，敬请各位专家、同行和读者批评指正，编者邮箱：moodmooc@163.com。

编者

2018年2月

注释

① 张玉利，田新，王瑞. 创业决策：Effectuation理论及其发展 [J]. 研究与发展管理，2011（23）:2.

② 张玉利，田新，王瑞. 创业决策：Effectuation理论及其发展 [J]. 研究与发展管理，2011（23）:2.

③ 张玉利，赵都敏. 手段导向的创业行为与绩效关系 [J]. 系统管理学报，2009（18）：6.

④ 统计时间截至2018年1月。

前言导视图

基于效果逻辑理论的创新创业教育模型——

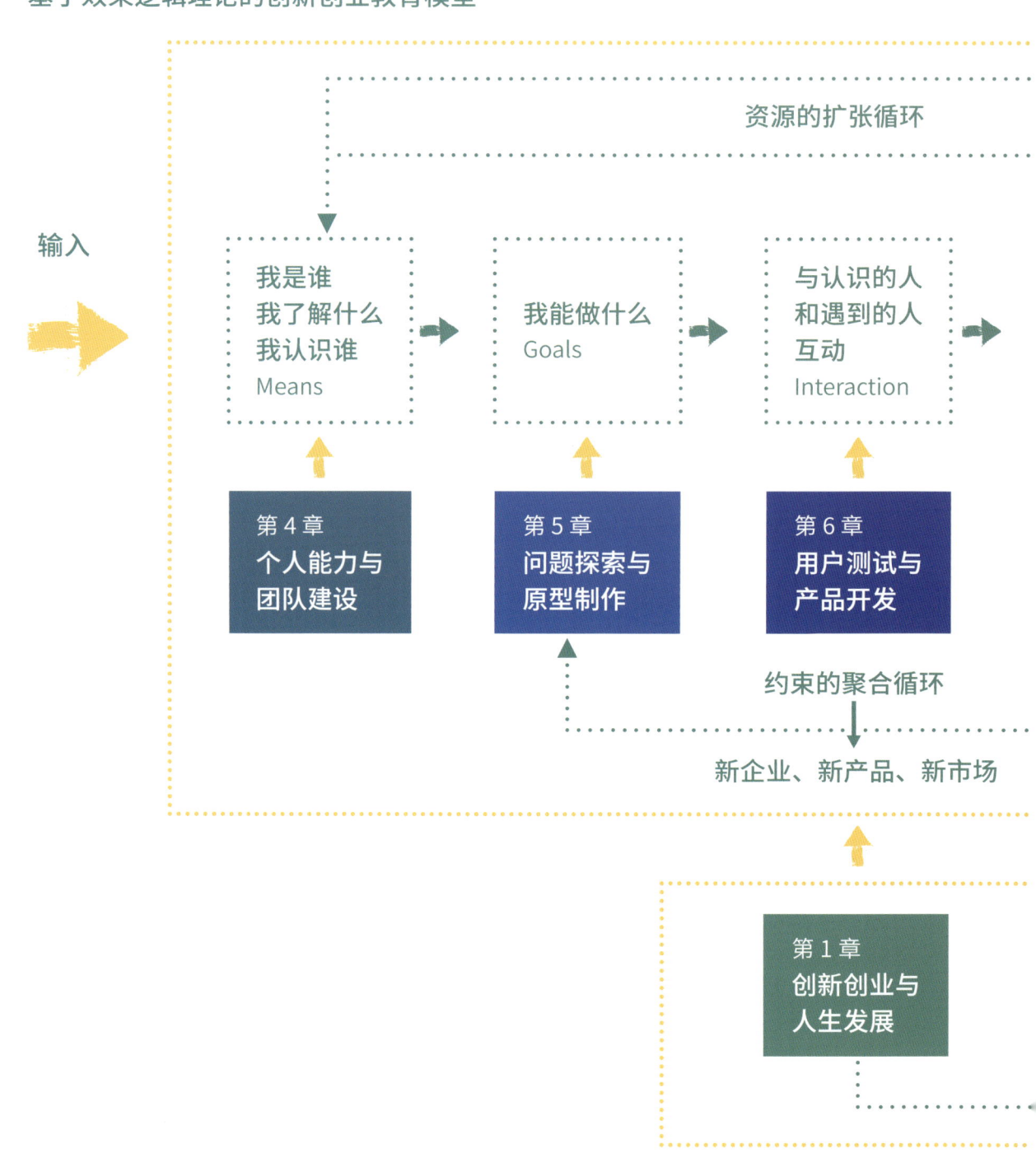

手段

输出

获得"伙伴"
的承诺
Stakeholder
Commitments

➡ 新手段

➡ 新目标

环境

约束

第7章
商业模式与
价值提升

第8章
价值呈现与
汇报技巧

第2章
创新思维与
探索未来

第3章
创造技法与
能力突破

目录

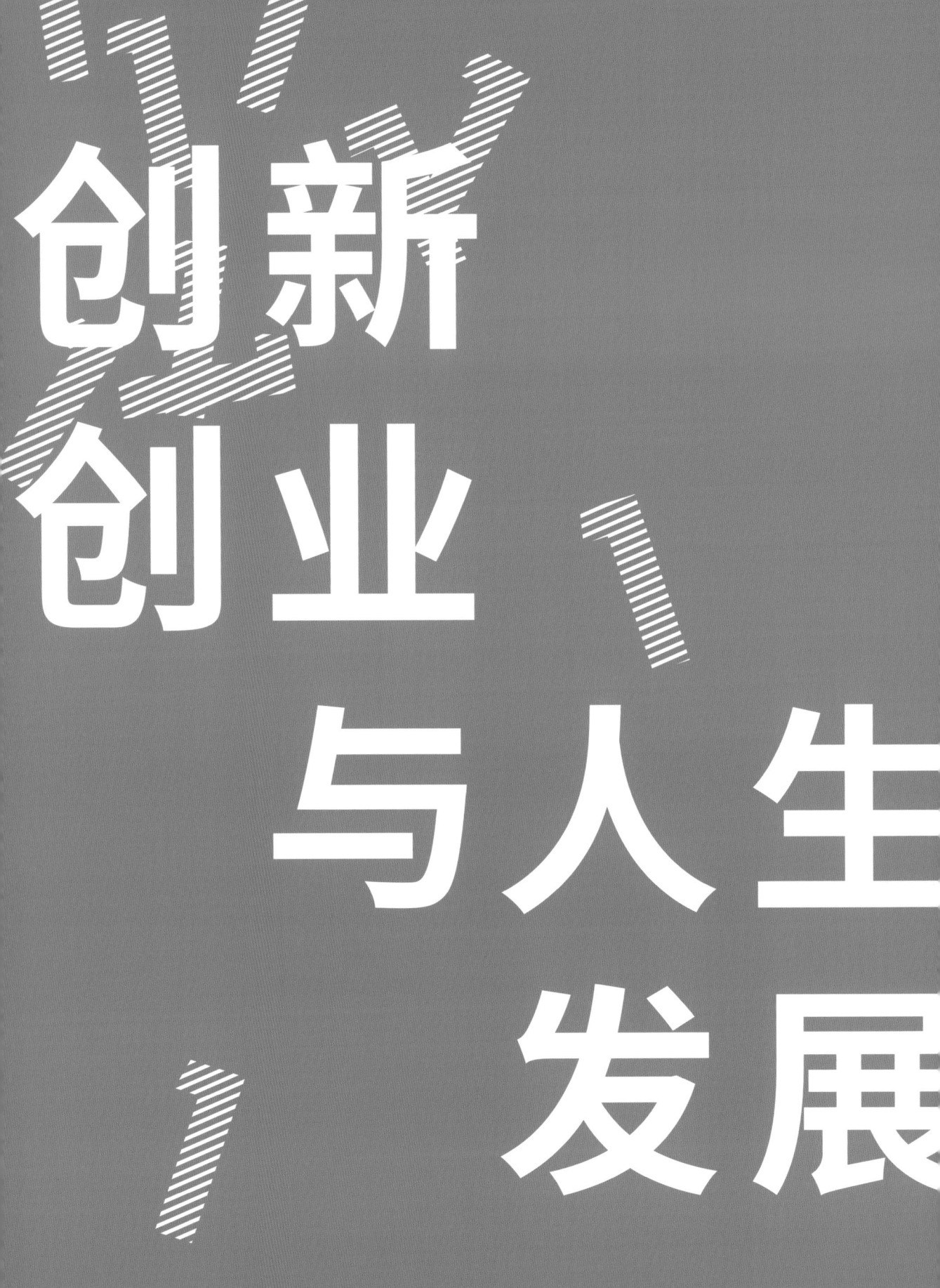

Innovation, Entrepreneurship and Life Development

创新创业教育的首要任务是培养大学生积极向上的创新创业精神和开拓事业的激情。首先，我们从概念及精神层面来认识"创新""创业"，并对"创新"与"创业"的关系建立清晰的认识，创新精神和企业家精神将引导我们以创业为导向，面对不确定的未来，用创业的思维和态度去开启更有意义的人生之旅！

小创：你今天看搜狐号"创业报 mp"上的《2017年中国30岁以下创业者排行榜》了吗？最小的创业者——达拓网创始人王洋超才20岁，就为企业争取到高达1000万元的融资。

小新：听起来超级酷。

小创：现在年轻的创业者越来越多了。

小新：那当然。有什么事能比这样白手起家、从无到有创造出真正有价值的东西更让人兴奋呢？

小创：要想做到这种有料的成功，没有创新思维是不行的。

小新：你觉得什么是创新？

小创：大概就是一个有用的疯狂想法吧。

小新：哈哈，就是你在草垛里搜寻一根针的时候，意外地翻出了农夫的女儿？

小创：这想法很疯狂。但是意外发现还不能等同于创新，就算天上掉馅饼，接不住也还是吃不着。

小新：那应该如何做呢？

小创：要想创新，得头脑充足电，否则，即使出现天才之火花，也可能找不到被它点燃的东西。也就是说，创新是需要学习的！

[思考]

1. 你是如何理解创新的呢？

2. 你认为创新创业教育的意义是什么？

创新与创新精神

一、创新的定义

创新是以新思维、新发明和新描述为特征的一种概念化过程。

"创新"一词起源于拉丁语，有三层含义：

①更新：革新，除旧布新。

②创造：创造新的东西。

③改变：使事物变得和原来不一样。

二、创新的本质

创新是指人能够突破常规思维的界限，以超常规甚至反常规的方法、视角去思考问题，提出与众不同的解决方案，从而产生新颖的、独到的、有社会意义的思维成果。

创新的本质就是创造新事物。这里的"新事物"，是指一切涵盖物质文明和精神文明的新成果。

三、创新精神

创新精神，特指人的创新意识和创新性格，包括创新愿望和创新动机。

不人云亦云、不迷信权威，能够坚持独立思考，具有灵活解决问题的能力，都是创新精神的表现。

创业与企业家精神 1.2

一、创业概念

走出创业误区

创业有广义和狭义之分。广义的创业，是指社会生活各个领域里的人为开创新的事业所从事的社会实践活动，其突出强调的是主体在能动性的社会实践中所体现的一种精神、能力和行为方式。狭义的创业是一个经济学范畴，是指主体以创造价值和就业机会为目的，通过组建一定形式的企业组织，为社会提供产品服务的经济活动。

大学创业教育的目的是培养能够适应新环境的价值创造者。大学生通过对创新创业理念、方法与工具的系统性学习，将其应用于产品、服务与社会创新等领域的实践中，提升在不确定环境中的适应力与创造力，成为推动社会变革与进步的卓越人才。

根据硅谷创业家埃里克·莱斯（Eric Ries）对创业的解读，本书认为：创业是指一个由人组成的机构，在极端不确定的情况下开发新产品或提供新服务的过程。

二、企业家

管理大师彼得·F.德鲁克（Peter F. Drucker）认为，企业家是那些愿意把变革视为机遇，并努力开拓的人。

三、企业家精神

企业家精神指的是某些人所具有的绝不被动地等待机会，而是根据变化有目的、有组织地寻找机会、系统地分析机会，进而进行系统地创新的特殊才能。其意义在于能够创造出崭新的、与众不同的东西并改变它的价值。"创新理论"的鼻祖约瑟夫·阿洛伊斯·熊彼特（Joseph Alois Schumpeter）指出，企业家所从事的工作就是创造性地破坏。

四、创新与创业的关系

● **创新与创业本质的一致性**

创新与创业都是开创有别于其他的、新颖的、同时能产生积极作用的做法或结果。

● **创新与创业的相互关联性**

创业可以是在创新的基础上将创新的思想或成果转化为现实生产力的一种社会活动。

● **创业与创新的相互推动作用**

创新的价值可以通过创业体现，创业推动并深化创新。

创意、创新与创业

| 课堂测试 |

游戏道具：

A4 纸若干、标签贴纸若干。

游戏过程：

1. 每人用一张 A4 纸书写制作自己的名牌，名牌的形式不限。

2. 轮流以自己认为独特新颖的方式向所有人介绍自己，让大家记住你。

3. 在所有人介绍完毕后，每人将自己手中的标签贴纸以点赞的形式贴到自己认为创新性最强、给自己印象最深刻的人的名牌上。

4. 点赞结束后，统计获得标签贴纸最多的人。

通过这个游戏，我们很容易发现，创新并不遥远，创新就在我们身边。

案例分享 富士的转型之道

接下来我们将以富士胶片控股株式会社为例，探讨企业在面临危机时如何大胆创新和做出决策，展现出优秀的企业家精神，使公司成功转型。

随着数码相机的普及，胶片时代宣告结束。2000—2003 年，富士胶片控股株式会社危机重重，胶片销量一落千丈，开发的数码相机由于缺乏核心技术，也长期滞销。在这种背景下，古森重隆被任命为首席执行官。古森重隆意识到公司的危机，开始寻求转型。他认为，要创造出与之前业务比肩的新兴领域的核心业务，不能以"将来有可能发展"之类的模糊概念来判断，而要认真分析公司拥有的技术强项和资源优势。

基于富士胶片在"精细化学、电子、机械电子、光学、软件、材料"等领域的核心技术优势，古森重隆经研究发现，富士胶片的技术强项可以充分应用在生物医药、化妆品、高性能材料这些在今后新市场需求增长可能性比较大的行业领域，并最终选择以"信息事业、影像事业、文件处理事业"作为自己的核心业务，覆盖"医疗生命科学、印刷系统、高性能材料、数码影像、光学元器件、文件处理"六大行业。

自 2003 年转型以来，富士胶片的发展趋势总体向好，在 2012 年以财年收入 278.036 亿美元，营业利润 5.542 亿美元，净利润率为 2.0% 的成绩，名列世界 500 强第 400 位。

富士胶片控股株式会社于 2017 年 8 月 14 日发布 2017 财年第一季度财务报告。数据显示，公司当季销售收入 51.486 亿美元，营业利润 3.225 亿美元，净利润率约为 3.9%。未来将以"健康护理""高性能材料""文件处理"等主要增长的业务为中心，通过改善各业务的收益，实现销售收入与营业利润的新增长。

富士胶片控股株式会社由于超前意识、敢于创新而成功转型，找到了一条适合自己的路径。

数据来源：部分内容引自新浪网。

课堂测试

结合企业家精神，试分析富士胶片控股株式会社转型成功的原因是什么。

创业导向的人生发展

1.3

一、人生发展的五个层次

任务 task	**工作** job	**职业** profession	**事业** career	**人生** life
指派的工作 被动完成 具有阶段性	程序化的任务 由此获得报酬	社会分工的结果 知识、技能、 态度	职业的意义 自我实现	事业的宽度和 深度 宽度：生活方式 深度：事业的归宿

未来，你在哪个层次?

- **任务** (task)

    任务是被动完成被指派的工作，可以锻炼人的工作能力，是人生不可或缺的、具有阶段性的层次。

- **工作** (job)

    工作是一种程序化的任务，通过它，人们可以获得报酬，维持生计。

- **职业** (profession)

    职业是社会分工的结果，也是对某个领域的专业性要求，同时表现出对工作发自内心的热爱和尊重的态度。

- **事业** (career)

    事业是职业的意义，是对职业的升华。

- **人生** (life)

    人生是事业的宽度和深度。人的一生也可以是一次伟大的"创业"。所以人生也是事业的归宿和可持续发展的方向。

二、人生发展的转型途径

立场 —引导→ 工具 —引导→ 经验
立场 ←形成— 工具 ←形成— 经验

我目前在人生发展的哪个层次？要达成哪些目标？

我用哪些工具和模式来组织自己的思维和了解世界？

我可以利用哪些经验来培养敏锐度和技能？

立场会引导人们取得哪种工具，而工具的取得又决定了所累积的经验。但这些影响并不是单向的，当经验促使我们取得新工具时，我们会在自己的立场上增加深度。而对于处在大学阶段的学生而言，可以通过不断的"实验 + 学习"来实现转型。

实验 ＋ 学习

精心实验：加入社团、兼职、考证等

社交转型：构建新的社交网络

赋予意义：为他人和社会创造价值

三、创业导向的人生态度

创业导向的人生态度包括职业精神、创业精神和生活方式。

- **职业精神**

职业精神需要我们拥有专业能力、执行能力和责任感。

- **创业精神**

创业精神可以从关注社会问题、发现创新中得到启发，更需要我们有领先行动和承担风险的精神。

- **生活方式**

只有对生活充满信心和好奇心，探寻并解决问题，我们才能在未来的发展中不断开辟新的天地。

请牢记，你可能无法改变身高或 DNA，但你可以改变人生发展的走向。面对不确定的未来，我们要用创业的思维和态度去开启更有意义的人生之旅！

创业者的成长
历程

案例分享
来去匆匆的阿里软件

2007 年，阿里巴巴集团想做一个公司，叫阿里软件。当时有个很好的想法：一天一块钱就能用上世界级的企业软件。为了壮大门面，提高身价，当时马云拉来了软件行业的世界霸主——微软公司，双方共同竖立起 SaaS（Software-as-a-Service，软件即服务）的大旗。

据当时双方发布的信息称，微软将联合阿里软件，针对适用于中小企业的所有软件产品，包括电子商务服务平台、企业管理系统、办公自动化系统、企业通信系统等进行打包，通过阿里巴巴在线平台向中国 2000 万中小企业销售，共同做大 SaaS 软件平台。

记得在阿里软件成立时，总经理王涛信誓旦旦地宣称："马总有远见，目标宏伟，他指明方向，我们去奋勇拼杀，不信赢不了！"马云本人也坚信："阿里软件 3 年后将成为中国最出色的新软件巨头。"软件业也惊呼"来了野蛮人"。

凭借马云的明星效应和大规模宣传造势，基于 SaaS 的阿里软件一时间星火燎原，越来越多的中小企业加入阿里软件的阵列。然而 2009 年底风云突变，阿里软件的脊梁王涛突然撒手不干，令阿里软件遭受重创。

2010 年，阿里巴巴集团旗下的阿里软件通过一封短短数百字的公告，宣布将于 2010 年 4 月 30 日关闭其 SaaS 软件互联网平台并终止提供相关服务。

至此，阿里巴巴集团董事局主席马云引以为傲的"达摩五指"（分别为阿里巴巴、淘宝、支付宝、中国雅虎和阿里软件）就这样变得残缺不全。人们不禁要问：为何阿里软件来去匆匆，仅存 3 年？

重要原因就是当时金蝶、用友这些传统管理软件企业早已开始向电子商务领域转型，而阿里巴巴懂电子商务营销却不懂企业管理软件。因此，阿里软件遭遇了强力阻击。虽然阿里软件当时已经有几十万的付费中小企业，还有非常优秀的技术团队，还有 2 亿元人民币的大手笔投入，但是做了两年，无疾而终。

阿里软件的溃退，说明任何一个企业在进入一个新的业务领域时，需要投入的绝不仅仅是钱，更需要有正确的发展运营思路和正确的运营模式助推。

资料来源：比特网，中国电子商务研究中心。

反思

结合阿里软件失败的原因，分析作为一个创业者至少应该具备哪些品质。

知识拓展
慕课分享

　　如果您想更深入地学习，可以在中国大学 MOOC 平台搜索李家华教授的课程"创业基础"。

视频观感

　　推荐影片：《亿万少年的顶级机密》

　　影片简介：影片讲述了一个曾经沉迷于网络游戏而荒废学业的少年伊提帕，在父亲做生意失败家庭破产后，为了还债，为了生存，他做各种买卖。最后，他和管家共同努力做起了海苔的生意并成为一名青少年亿万富翁。

　　一个 20 岁的大男孩，面对接二连三的变故，努力站起，却又不断摔倒，伊提帕没有失志投降。他以正面的态度面对现实："这些挑战对我来说都是'机会'，让我开发自己的潜能，学会长大。"

　　"最重要的是，要有正确的心态。你必须相信自己办得到，并愿意为它挣扎。假如等钱、物都到位才创业，也许我根本不会再有如此大好的机会。"伊提帕说，这也是他留给泰国年轻、有意创业者最衷心的建议。

|参考文献|

[1] [美] 约瑟夫·熊彼特.经济发展理论[M].何畏，易家祥，等，译.北京：商务印书馆，1990.

[2] [美] 彼得·F.德鲁克.创新与企业家精神[M].蔡文燕，译.北京：机械工业出版社，2007.

[3] 王占仁."广谱式"创新创业教育概论[M].北京：人民出版社，2016.

[4] 黄海荣.大学生创新创业教育指导[M].上海：上海交通大学出版社，2016.

[5] 周勇.商业创新案例[M].上海：立信会计出版社，2016.

[6] 陈工孟.创新思维训练与创造力开发[M].北京：经济管理出版社，2016.

[7] 朱燕空.创业学什么：人生方向设计、思维与方法论[M].北京：国家行政学院出版社，2016.

[8] [加] 罗杰·马丁.设计思考就是这么回事！[M].李仰淳，林丽冠，译.台北：天下远见出版股份有限公司，2011.

[9] [美] 唐纳德·F.库拉特科.创业学[M].薛红志，李静，译.北京：中国人民大学出版社，2014.

[10] 吴华.阿里软件败走麦城，SaaS何去何从[J].信息与电脑，2010（10）：24-25.

[11] [美] 埃里克·莱斯.精益创业[M].吴彤，译.北京：中信出版社，2012.

[12] [美] 克莱顿·克里斯坦森.创新者的窘境[M].胡建桥，译.北京：中信出版社，2010.

[13] [英] 马特·金登.创新之力：将创意变为现实[M].谢绍东，杨田田，译.北京：电子工业出版社，2014.

[14] 蔡剑，吴戈，王陈慧子.创业基础与创新实践[M].北京：北京大学出版社，2015.

[15] John Morgan, Dana Sisak. Aspiring to succeed: A model of entrepreneurship and fear of failure[J]. Journal of Business Venturing.2016(1): 1-21.

[16] Cheryl Mimbs.Leadership Development as Self-Development: An Integrated Process[J]. Action in Teacher Education. 2002(3): 20-25.

[17] Roberto de Franchis.Continuity and innovation[J]. Digestive and Liver Disease. 2016(1): 1.

[18] Issam Laguir,Matthijs Den Besten. The influence of entrepreneur's personal characteristics on MSEs growth through innovation[J]. Applied Economics. 2016(44): 1-18.

创新思维与探索未来 2

Innovative Thinking and Future Exploring

创新思维的潜在特征是向着未知或未全知的领域进军，不断扩大人们的认知范围，不断把未知的事物变为可以认识和已经认识的事物。科学上的每一次发现和创造都离不开创新思维，若没有创新思维，人们躺在已有的知识和经验上坐享其成，那么，实践活动就只能停留在原有的水平上。

创新思维主要在于从多角度去看待和处理问题，本章的主要内容就是介绍常见的创新思维及其对未来发展的影响。

小创和小新驾驶一辆货车在通过一个天桥时，因为没有看清通过天桥的高度限制标记，结果车正好被卡在了天桥下面。

①

小创： 我认为咱们应该再找一辆货车过来，把车上的货物卸下一些，咱们才能通过天桥。

②

小新：不行，这样太麻烦了。

小创：那你有更好的办法吗？

小新：有啊，我们不妨试试把车胎的气 放出来一些，降低整车高度。

小创：有道理，就这样办。

于是，小创和小新赶紧放了一些车胎气，把货车的高度降了下来，最终顺利地开过了天桥。

| 思考 |

运用创新思维，小新找到了解决问题的方法，你还可以想到更多不同的方法吗？

2.1 创新思维的概念

一、创新思维的定义

创新思维，又称为创造性思维，是指以新颖独创的方法处理或表达某种事物的思维过程。创新思维能突破常规思维的界限，以超常规甚至反常规的方法、视角去思考问题，提出与众不同的解决方案，从而产生新颖的、独到的、有社会意义的思维成果。

二、创新思维的特性

创新思维具有许多特性，一般表现为**能动性、独特性、变通性和敏感性**。

- **能动性** —— 能动性就是观念的自由发挥，指在尽可能短的时间内生成并表达出尽可能多的思想观念以及较快地适应、掌握新的思维方式。

- **独特性** —— 独特性是指人们在创新思维中突破常规，超越前人，经过自己的独立思考，形成异于他人的观点和见解。

- **变通性** —— 创新思维没有固定的框架，进行创新思维活动的人在考虑问题时可以使思维沿着不同的方向扩散，打破头脑中某种僵化的思维框架和陈旧的观念。

- **敏感性** —— 敏感性是指能敏锐地观察和认识客观事物的性质和特征。

三、创新思维的障碍

创新思维的障碍有很多，每个人的思维障碍不一定相同，常见的思维障碍有依赖经验、盲目从众、受缚权威、拒绝变化。

依赖经验 ········· 经验是人们在实践活动中取得的感性认识的初步概括和总结，无论是个人的经验还是集体的经验都具有一定的局限性，不要让过去的经验成为创新思维的绊脚石。

盲目从众 ········· 从众心理具有普遍性，而盲目从众是指没有经过独立自主的思考，一切"随大流"，盲目相信大众。

受缚权威 ········· 在进入一个新的领域时，人们往往比较关注本领域权威人士的见解，因此，权威的观点很容易影响我们对事物的客观判断。

拒绝变化 ········· 拒绝变化是指呆板、机械、缺乏变化。创新思维者只有因势而变，迅速做出反应，才能摆脱困境。

创新思维的类型

2·2

创新思维的重要诀窍在于多角度地看待和处理事物、问题和过程。创新思维的常见类型包括**发散思维**、**聚合思维**、**联想思维**、**直觉思维**、**灵感思维**、**逻辑思维**。

一、发散思维

美国著名心理学家乔伊·保罗·吉尔福特（Joy Paul Guilford）认为，发散思维是创新思维的核心，即一种以解决问题为核心，沿着不同的角度、不同的方向进行思考，以提出多种可能的解决方案为目标的开放性思维方式。发散思维包括逆向思维、多路思维、平面思维、立体思维、侧向思维、横向思维、组合思维等。

发散思维的基本特征

- **流畅性**
发散思维的流畅性体现在在短时间内能连续地表达出的观念和设想的数量，反映的是发散思维的速度和数量。

- **开放性**
发散思维是克服固有的思维框架，按照新的方向来思索问题的过程。

发散思维与收敛
思维（上）

发散思维与收敛
思维（下）

- 独特性

  发散思维具有与众不同的想法和别出心裁的解决问题思路。

- 多感官性

  发散思维不仅运用听觉思维和视觉思维，而且也充分利用其他感官接收信息并进行加工。

课堂练习

九点连线问题：

1. 你能用四条直线（不能断笔，也不能重复画）将图中的九个点连起来吗？

2. 如果你完成了上面一道题，那么你能否用三条直线将九个点连起来？

3. 完成了上面两个挑战，接下来，你能否只用一条直线将九个点连起来？

二、聚合思维

聚合思维又称收敛思维或集中思维。聚合思维指的是从已知条件的既定目标中寻求唯一答案的一种思维方式。

聚合思维的基本特征

- 向心性

  聚合思维是把许多发散思维的结果由四面八方集合起来，是集中指向的，目标单一，就像瞄准靶心一样，具有封闭性。

- 连续性

  聚合思维的进行方式与发散思维相反，是一环扣一环的，具有较强的连续性。

- 求实性

  发散思维所产生的众多设想或方案，一般来说多数都是不成熟的，也是不切实际的，而通过聚合思维选择出来的设想或方案，是按照实用的标准来决定的，应当是切实可行的。

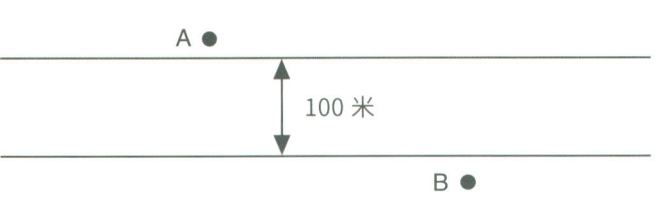

课堂练习

1.一条河宽 100 米，我们现在要架设一座桥（河宽一样，且不许斜着架桥，桥面宽度可忽略不计），你能有多少种方法来架设这座桥呢？

2.我们都知道两点之间直线的距离最短，那么你能否架一座桥使 A 地到 B 地的距离最短？

三、联想思维

联想思维是指由于某种诱因使思路产生由此及彼的连接，是连接先前未连接的想法的思维活动，或者是元素之间绘制关联和模式的思维活动。

联想思维的基本特征

- 连续性

  联想思维是由此及彼、连绵不断地进行的，可以是直接地，也可以是迂回曲折地形成闪电般的联想链。

- 形象性

  联想思维是形象思维的具体化，其基本的思维操作单元是表象。

- 概括性

  联想思维可以很快把联想到的思维结果呈现在联想者的眼前，而不顾及其细节，是一种整体把握的思维操作活动。

联想思维

课堂练习

从"铅笔"我们可以联想到"橡皮擦"，因为两者之间存在关联性。在两个没有关联的词汇间，请你充分发挥想象，将它们联系起来并说出具体的思维路径（词汇数量不限）。

```
粉笔——（  ）……（  ）……（  ）——原子弹
小草——（  ）……（  ）……（  ）——电脑
```

四、直觉思维

美国著名的认知心理学先驱杰罗姆·布鲁纳（Jerome Seymour Bruner）认为：**直觉思维不依赖严格的证明，它多借助于形象的或视觉的手段，是**

直觉思维

以对整个问题情境的总体把握为前提，以直接的、跃进的方式获得问题答案的思维过程。

<u>直觉思维的基本特征</u>

- **直接性**

  直觉思维是一种直接领悟事物的本质或规律，而不受固定逻辑规则所束缚的思维方式。

- **非逻辑性**

  直觉思维的进行没有依据某种明确的逻辑规则，它不受形式逻辑规则的约束，常常提出一些反逻辑的创造性思想，结论的得来也没有经过严密的推理，带有一定程度的猜测性、预见性。

- **迅速性**

  对于一个问题，根据自己的知识经验，立即作出判断，得出结论，它的思维过程极短，稍纵即逝，其所获得的结论是突如其来和出乎意料的，因而具有迅速性的特征。

案例分享
伦琴和X射线

世界上第一个诺贝尔物理学奖获得者是德国科学家威廉·伦琴（Wilhelm Röntgen，1845—1923）。1895 年 11 月 8 日晚上，伦琴在研究阴极射线时无意中发现放在实验室里被包裹严密的照相底片竟然变成了灰黑色，直觉提醒他，一定有一种具有极强穿透力的射线存在。由于对这种具有极强穿透力的射线不够了解，伦琴把这种引起奇异现象的未知射线称作 X 射线。正是这一直觉促使他继续研究，终于发现了这种神秘射线的种种性质，从而为 X 射线应用于医疗等方面做出了巨大贡献，伦琴也因此获得了诺贝尔物理学奖。后人为了纪念伦琴，将 X 射线命名为伦琴射线。伦琴的成功，归于他在科学研究中的创新思维，以及孜孜不倦的探索精神。

威廉·伦琴（1845—1923）

五、灵感思维

灵感思维，即在解决问题的思考过程中，经过认真准备和长期孕育，受到认知事件的启发，产生顿悟，使问题忽然得到解决的过程。灵感的闪现来自于突然的顿悟，也就是通常所说的"灵机一动"。

灵感思维

灵感思维的基本特征

● **突发性**

灵感在时间上，不期而至，突如其来；在效果上，突然顿悟，意想不到。

● **模糊性**

灵感持续的时间很短，往往是以"一闪念"的形式出现的，转瞬即逝，它所产生的新线索、新结果或新结论是模糊不清的。

● **意象性**

在灵感思维活动过程中，总伴有思维意象运动的存在。没有意象的暗示与启迪，就没有思维的顿悟。

案例分享
灵感思维

1956 年，建筑师伊罗·萨里受美国环球航空公司委托，为纽约肯尼迪机场设计一座候机楼，萨里构思多日都未获得自己满意的方案。一天吃早餐时，萨里不经意间瞟了一眼放在桌子上的一只柚子，柚子的外壳触发了他的灵感，他发现柚子的结构具有一种流动的美感。于是，萨里连早饭也没有吃完就急忙走进了设计室，把自己的想法画了出来，并把该想法加入到候机楼的设计中。

1962 年，当候机楼竣工的时候，引起了建筑学界巨大的反响。候机楼的外观设计使用了曲线，使人联想到大鸟的飞翔，被誉为一种完全流动的式样，极具大自然赋予的美感。然而令人们意想不到的是，如此成功的建筑设计，它的创作灵感竟然来源于一个放在桌面上的普通柚子。

资料来源：
肖云龙. 发明创造中的灵感思维［J］. 科学启蒙，1996（1）。

六、逻辑思维

逻辑思维，是符合某种人为制定的思维规则和思维形式的思维方式。我们常说的逻辑思维主要指遵循传统形式逻辑规则的思维方式，常被称为"抽象思维"或"闭上眼睛的思维"。

逻辑思维的基本特征

- 规范性

  逻辑思维是有条理、有根据的。

- 严密性

  逻辑思维是前后一贯的，而不是自相矛盾的。

- 意象性

  逻辑思维是确定的，而不是模棱两可的。

|课堂练习|

甲、乙、丙、丁四个小孩在园子里游玩，花瓶被打碎了，园子主人问：谁打碎了花瓶？

甲：丙打碎的。乙：与我无关。

丙：甲在说谎。丁：甲打碎的。

已知：只有一人是诚实的，其余三人在说谎。

请分析：

1. 谁是诚实的小孩？

2. 花瓶是谁打碎的？

探索未来

　　继 2016 年 3 月 AlphaGo 1.0 以 4∶1 的总比分打败围棋职业九段棋手李世石后，2017 年 5 月 AlphaGo 2.0 在中国乌镇围棋峰会上挑战当时排名世界第一的世界围棋冠军柯洁，最终以 3∶0 获胜。人工智能再度成为大众焦点。

　　人工智能（Artificial Intelligence，AI）。它是研究、开发用于模拟、延伸和扩展人的智能的理论、方法、技术及应用系统的一门新的技术科学。机器学习是人工智能领域的一门重要学科，自从 20 世纪 80 年代以来，机器学习在算法、理论和应用等方面都获得了巨大成功。近年来，机器学习领域中关于"深度学习"的研究开始受到学术界广泛关注，到今天已经成为互联网大数据和人工智能的一个热潮。事实上，战胜柯洁的 AlphaGo 2.0 就是通过深度学习，不断地自我对弈，相比对战李世石的版本已经先进太多了，所以才能够在实力上完全碾压人类第一围棋手柯洁。我们来看看人工智能的发展时间轴：

● 1956 年，被称为"人工智能之父"的美国计算机科学家约翰·麦肯锡（John McCarthy）创立了"人工智能"一词。

● 1964 年，美国麻省理工学院荣誉教授约瑟夫·维森鲍姆（Joseph Weizenbaum）开发出名为 Eliza 的机器人，实现了计算机与人之间通过文本进行交流。

● 1972 年，美国斯坦福国际研究所研发了首台采用人工智能的移动机器人 Shakey。

● 20 世纪 80 年代，用于人工神经网络的反向传播算法的发明，给机器学习带来了希望，同时也掀起了人工智能研究的热潮。

● 20 世纪 90 年代，各种各样的浅层机器学习模型相继问世，进一步加强了人工智能领域的研究。

● 进入 21 世纪，随着互联网技术的高速发展，浅层学习模型在互联网应用上获得了巨大的成功。例如搜索广告系统、网页搜索排序、垃圾邮件过滤系统、基于内容的推荐系统等。

- 2010 年，美国国防高级研究计划局（DARPA）计划首次资助深度学习项目。
- 2013 年，《麻省理工学院技术评论》（MIT Technology Review）杂志将深度学习列为"2013 年十大突破性技术"之首。
- 2016 年，AlphaGo 1.0 击败世界级围棋高手李世石。
- 2017 年，AlphaGo 2.0 击败当时世界排名第一的围棋手柯洁。

　　人工智能的发展并没有想象中那样顺利，但是经过几十年的技术沉淀，现在几乎可以确定为未来的一大方向，从实时语音翻译到无人驾驶技术，再到如今处在风口浪尖的无人售卖超市，可以预想，在不久的将来，人工智能将会渗透到我们生活的方方面面，在迎接下一个时代到来之时，请记住福特汽车公司的建立者亨利·福特（Henry Ford）的那句话——"不创新，便灭亡。"

知识拓展
慕课分享

　　如果您想更深入地学习，可以在中国大学 MOOC 平台搜索百度前首席科学家吴恩达教授的系列课程："结构化机器学习项目""神经网络和深度学习""改善深层神经网络：超参数调试、正则化以及优化"。

案例分享
诺基亚的发展史

一家经营良好的公司，尽管他们十分注意顾客需求和不断投资开发新技术，但仍可能被破坏性创新所影响而导致失败，而覆灭的种子恰恰是在这些领先企业全盛时期埋下的。我们来看一下曾经的手机龙头老大——诺基亚的发展史：

1865 年，诺基亚在芬兰成立；

1982 年，诺基亚生产了第一台北欧移动电话网移动电话 Senator；

1996 年，诺基亚手机连续 15 年占据手机市场份额第一的位置；

1999 年，诺基亚市值高达 2030 亿欧元，是欧洲市值最高的公司；

2003 年，诺基亚 1100 手机在全球范围内累计销售 2 亿台；

2003—2006 年，诺基亚在全球手机市场总占有率最高曾达 72.8%，处于巅峰时期；

2007 年，诺基亚的净利润高达 72 亿欧元，同时，在 3G 时代来临之时，拒绝生产触屏手机，坚持使用 Symbian 系统。同年，苹果公司推出搭载 iOS 系统的触屏手机 iPhone3，谷歌推出 Android 系统，开启触屏智能手机的时代；

2009 年底开始，摩托罗拉、三星、LG、索尼爱立信等终端厂商纷纷宣布终止 Symbian 系统的研发，转向安卓系统。

2011 年，Symbian 系统的市场份额被安卓超越。

2012 年，诺基亚手机在中国的市场份额首次跌出前五，与 2007 年相比，公司市值暴跌 87%，同年，Android 占据全球智能手机操作系统市场 76% 的份额；

2013 年 1 月，诺基亚宣布了一条令人遗憾的消息：将停产 Symbian 智能手机。当时，诺基亚 CEO 在记者招待会上公布同意微软收购时最后说了一句话："我们并没有做错什么，但不知为什么，我们输了。"

2014 年，诺基亚完成与微软公司的手机业务交易，并且宣布退出手机市场。

在诺基亚的发展史中我们可以看到，从巅峰的 2007 年到倒下的 2013 年，也就是短短的 7 年时间，一个有近 150 年历史的企业，怎么能够在 7 年时间，就让自己的王牌业务濒临崩溃呢？正如诺基亚 CEO 所说，他们真的什么都没做错吗？在高端市场被苹果手机占据，低端市场被山寨手机侵蚀的情况下，诺基亚如果选择和刚推出的 Android 系统合作，也许还有反击的机会。但是它不愿放弃已落后的 Symbian 系统，高效率的成本控制思维扼杀了诺基亚该有的创新。

资料来源：新华网。

课堂练习

请同学们以小组为单位讨论并分析未来十年人工智能会在哪些方面得到运用。

课外拓展
思维导图——让你的思维可视化

思维导图是英国学者托尼·布赞（Tony Buzan）在 20 世纪 70 年代提出的思维工具。绘制思维导图，通常围绕中心主题展开思考，产生各分支主题并将其绘制在中心主题周围。各分支主题继续向外发散，形成更多分支。用简短的关键词、图形等来表示分支，充分利用颜色、线条、图像、符号等方式表达思维过程和结果。思维导图与大脑的发散性思维特征相一致，淋漓尽致地展现了大脑的思维过程。绘制思维导图的过程就是大脑思维的过程，对思维导图进行整理，就是对思维过程和结果进行总结、归纳。借助思维导图，可以让思维以最接近自然的方式工作，可以将零散、孤立的思维联系在一起，经过整理形成有效的思维。

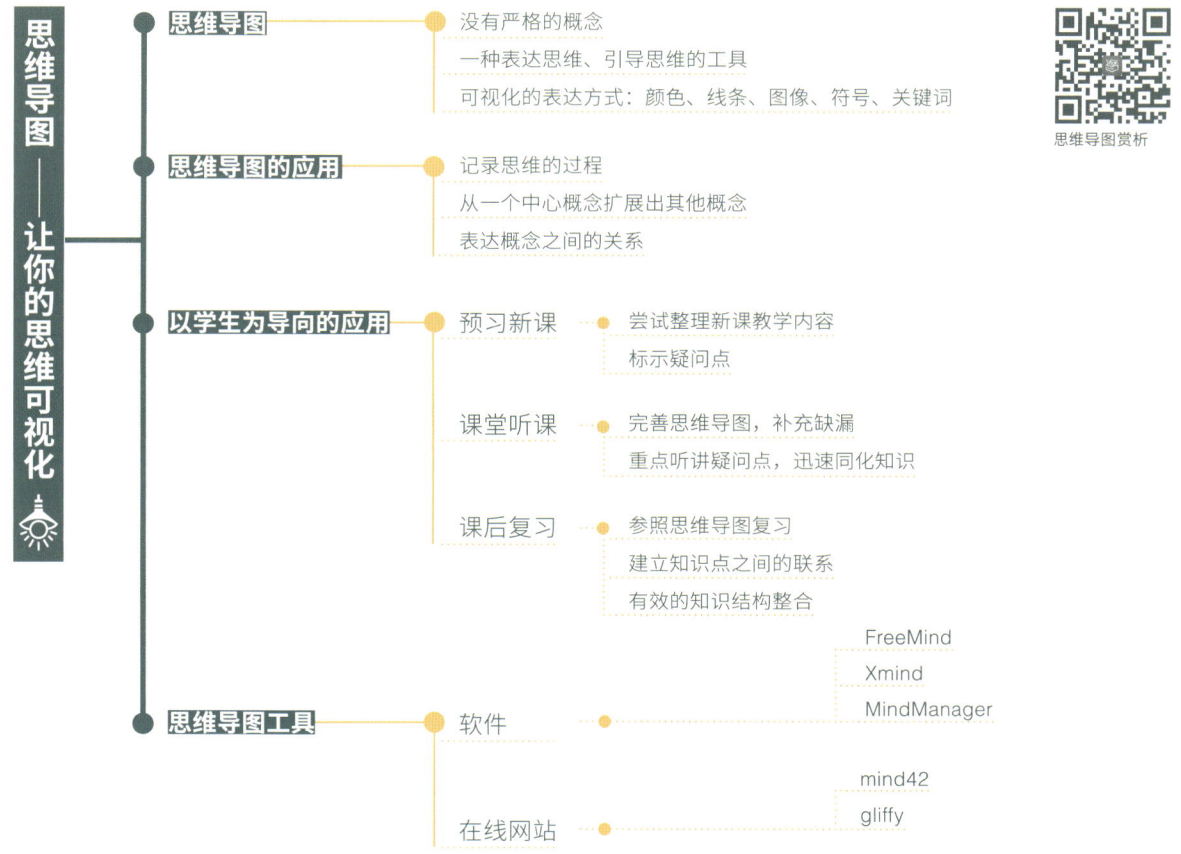

思维导图赏析

- **思维导图**
  - 没有严格的概念
  - 一种表达思维、引导思维的工具
  - 可视化的表达方式：颜色、线条、图像、符号、关键词
- **思维导图的应用**
  - 记录思维的过程
  - 从一个中心概念扩展出其他概念
  - 表达概念之间的关系
- **以学生为导向的应用**
  - 预习新课
    - 尝试整理新课教学内容
    - 标示疑问点
  - 课堂听课
    - 完善思维导图，补充缺漏
    - 重点听讲疑问点，迅速同化知识
  - 课后复习
    - 参照思维导图复习
    - 建立知识点之间的联系
    - 有效的知识结构整合
- **思维导图工具**
  - 软件
    - FreeMind
    - Xmind
    - MindManager
  - 在线网站
    - mind42
    - gliffy

|参考文献|

[1] [美] 彼得·F.德鲁克.创新与企业家精神[M].蔡文燕，译.北京：机械工业出版社，2007.

[2] 季跃东.创新创业思维拓展与技能训练[M].北京：科学出版社，2012.

[3] 陈工孟.创新思维训练与创造力开发[M].北京：经济管理出版社，2016.

[4] 任建军，李柏岩，赵银龙，吴西送.基于思维导图的在线学习交互方法研究[J].智能计算机与应用，2015（1）：
111-112.

[5] 缪晨.300个创新小故事[M].北京：学林出版社，2007.

[6] [美] 布鲁纳.布鲁纳教育论著选[M].邵瑞珍，张渭城，等，译.北京：人民教育出版社，1989.

[7] 董奇.论直觉思维[J].北京师范大学学报（社会科学版）.1987（1）：68-74.

[8] 邱江，张庆林.创新思维中原型激活促发顿悟的认知神经机制[J].心理科学进展，2011（03）：312-317.

[9] 黄海荣.大学生创新创业教育指导[M].上海：上海交通大学出版社，2016.

[10] 李江，武根友，李芳，崔静.思维导图在《多媒体技术基础》课程教学中的应用[J].软件导刊，2015（03）：
190-191，192.

[11] [英] 爱德华·德·波诺.严肃的创造力：运用水平思考法获得创意[M].杨新兰，译.北京：新华出版社，2003.

[12] Yu Kai, Jia Lei, Chen Yu-Qiang, et al. Deep learning: yesterday, today, and tomorrow [J]. Journal of Computer Research and
Development, 2013, 20(6): 1349.

创造技法与能力突破

3

3

Creative Technique
and the
Breakthrough Ability

科学技术迅猛发展的今天，人们开始把注意力转向自身的创造力。很显然，仅拥有创新思维是不够的，只有认识和掌握了创造技法，才能更好地进行创造发明活动。在这样的背景下，学者们从创造发明的规律中总结出一系列常用创造技法，这些创造技法在教育、管理、技术产品开发、科研等领域也得到越来越广泛的应用。

①

小创：我发现现在很多人都在用电动牙刷，我最近也去买了一个。

小新：那你知道电动牙刷的故事吗？

小创：我还真不知道呢？你说来听听。

小新：说起来电动牙刷最早还是源于一根普通的棒棒糖。

小创：棒棒糖？好像挺有意思，然后呢？

小新：1987年的一天，美国有两个邮递员科尔曼和施罗特看见小孩子舔棒棒糖，突发奇想地发明了一种好玩的旋转棒棒糖。没想到投入市场后，获得了出人意料的成功，这种售价2.99美元的小商品在六年中卖出了6000万个。

②

小创：噢！我知道了，后来他们又把这项技术移植到了牙刷上，对吧？

小新：是的，没错。有一天他们的糖果代理商奥舍灵机一动，想把旋转棒棒糖的技术应用到牙刷上。于是他们三人组建了公司，开始生产这种电动牙刷，后来这种牙刷被宝洁公司收购，三人共获得4.75亿美元技术转让费。

小创：看来有时候同样的技术运用到不同的地方也能获得不一样的成功呢。

思考

在学习了创新思维后，我们又该如何将它们运用到实际生活中呢？

3.1 创造技法

一、创造技法的定义

创造技法就是研究人员根据创新思维的发展规律，从创造发明的过程和成果中总结出来的一些原理、技巧和方法。

二、创造技法的特性

● **可操作性** ······ 可操作性是人们对创造理论及规律融会贯通并加以具体运用的结果。

● **技巧性** ······ 技巧是技能的熟练化，它是一种和学习训练有关的活动。技巧可以通过学习来获得，可以通过练习而熟练。

● **概略性** ······ 概略性是指创造技法的运用因人、因地、因事而异，不一定能完全成功、有效。

● **多样性** ······ 不同的创造领域或创造阶段、不同类型的创造问题或使用者，都应有相应的创造技法。

创造技法的类型

3·2

　　法国生理学家贝尔纳（Bernard）说过，良好的方法能使我们更好地发挥和运用天赋的才能，而拙劣的方法则可能阻碍才能的发挥。因此，科学中难能可贵的创造性才华，由于方法拙劣可能被削弱，甚至被扼杀；而良好的方法则会促进这种才华。良好的方法即创造技法，据统计，已有三百多种创造技法应用于各个领域。以下是一些常用的创造技法。

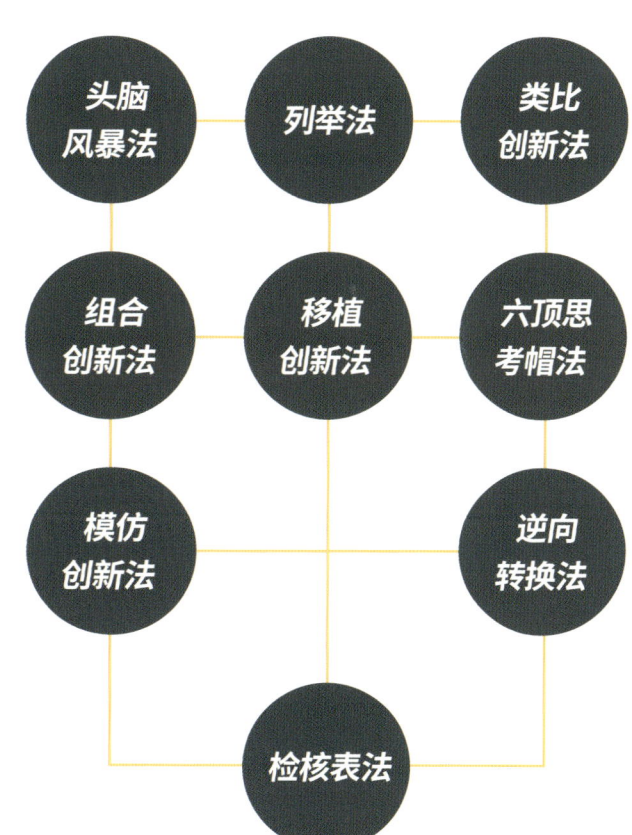

一、头脑风暴法

头脑风暴法（brain storming），也译为智力激励法，指的是一种激发思维的方法，目的是通过无限制的自由联想和讨论来产生新的观念和激发创新设想。"头脑风暴"一词，最早是精神病理学用语，指的是精神病患者头脑的错乱状态。

实施原则：

- 禁止批评他人的观点。
- 追求数量，越多越好。
- 自由发言，畅所欲言，任意思考。
- 主张独立思考，不允许私下交谈，以免干扰别人的思维。
- 鼓励改善和整合他人的设想。
- 与会人员一律平等，各种设想全部记录下来。

头脑风暴法的基本原则及规则

实施流程：

- **准备阶段** ……… 确定主题
  组织人员
  安排会议
- **头脑风暴阶段** ……… 宣布主题
  头脑风暴
  结束讨论
- **评价选择阶段** ……… 分类整理
  评价选择

准备阶段：

- 确定主题，准确定位本次会议所讨论的问题。
- 确定会议主持人、记录员及与会人员。
- 确定会议的地点、日期及具体的会议流程安排。

头脑风暴阶段：

- 主持人需要积极调动并引导与会人员进行自由联想和讨论。
- 循环进行。
- 每人每次只提一个建议，力求简明扼要地表达设想。
- 自由畅谈阶段的时间可由主持人灵活掌握，一般以不超过 1 小时为宜。

通过此阶段，人们对所要解决的问题大都会提出 30 条以上的设想，由此即可转入下一阶段的工作。

评价选择阶段：

- 头脑风暴结束后，主持人应组织专人对各种设想进行分类整理，并交给决策者进行评价和选择。

头脑风暴法可以形成自由探讨、相互激励的会议氛围，但其程序并非一成不变，可根据问题性质和实际条件加以变化和灵活运用。

| 课堂练习 |

请同学们以"人工智能的未来运用猜想"为主题，组织一场头脑风暴活动。

二、列举法

列举法概述

列举法是最常用、最基本的一种创造技法，是一种将研究对象的某方面特性（如属性、优点、缺点或希望点）一一罗列出来，对其进行分析研究，针对所列出的项目一一提出改进的方法。

列举法主要有以下四种：属性列举法、优点列举法、缺点列举法和希望点列举法。

- 属性列举法

我们按事物属性对研究对象的某方面属性进行列举，当达到一定程度后，按"内容重复的合并、互相矛盾的协调统一"的原则进行整理，提出问题，找出缺陷，再从材料、结构、功能等方面加以改进。

一般来说，我们可以从三个方面进行属性列举：

A. 名词特性——整体、部分、材料、制造方法等。

B. 形容词特性——颜色、形状、感觉、性质、状态等。

C. 动词特性——功能、作用等。

● **优点列举法**

优点列举法需要逐一列出事物的优点，明确自身（或竞争对手）的竞争优势，进而扬长避短。

● **缺点列举法**

缺点列举法，就是运用"吹毛求疵"的精神，尽力发掘事物的缺点，将其逐一列举出来，然后对这些缺点进行归类、分析，以找出改进的方法。

● **希望点列举法**

希望点列举法就是把人们对某个事物的要求，如"希望""如果是那样就好了"之类的想法列举出来，聚合成焦点来加以思考，在此过程中产生新的观念和想法，从而实现创新的方法。

列举法的实施步骤：

1. 确定主题。
2. 列举主题的特征（属性、优点、缺点、希望点）。
3. 选择需要改变的方面。
4. 考虑改善的方法。

| 课堂练习 |

1. 智能手机已经成为我们生活的一部分，以小组某位成员的手机为例，你可以列举出它的五个缺点吗？

2. 请小组以投票的方式选出最需要改进的缺点，并提出相应的改进方案。

三、类比创新法

类比创新法，是由一类事物所具有的某种属性可以推测出与其类似的事物也应具有这种属性的创造技法。类比的方法有很多，这里仅列举直接类比法、间接类比法。

类比法概述

直接类比法	直接类比法就是从自然界或者已有的成果中发现与创新对象类似的事物，将创新对象与相类似的事物直接比较，在原型的启发下产生新设想的一种创造技法。例如，荷兰物理学家惠更斯（Christiaan Huyg(h)ens，1629—1695）将光和声进行比较，发现光和声有一系列的共同属性，如直线传播、反射、折射等。而声是由于物质振动而产生的波，于是类比推测光也是一种波，从而提出了光的波动说理论。
间接类比法	间接类比法就是用非同类相似产品进行类比，以产生创新的设想。在现实生活中，有些创新对象缺乏可以比较的同类对象，这时就可以运用间接类比法。例如，模仿海豚的皮肤以减少潜水艇在水中受到的阻力。

类比创新法的实施步骤：

- 1. 确定主题。
- 2. 找同类事物或相似事物。
- 3. 对预测目标事物加以对比分析。
- 4. 优化方案。

四、组合创新法

组合法概述

　　组合创新法是将已知的若干事物合并成一个新的事物，使其在性能和服务功能等方面发生变化，以产生新的价值的创造技法。

　　创新后的组合应符合两个特征：
　　A. 由不同的技术因素构成的具有统一结构与功能的整体。
　　B. 组合物应具有新颖性、独特性和价值性。

　　组合创新法主要有：主体附加法、异物组合法、同类组合法。

- **主体附加法**
　　主体附加法是以原有物质产品或技术思想为基础，在不改变主体或略微改变主体的情况下，添加一种新的产品或技术思想，以克服原有主体存在的不足的创造过程。例如，牙膏（主体）+ 中药 = 药物牙膏。

● 异物组合法

异物组合法是将两种或两种以上的技术思想或具有不同功能的物质产品进行组合。组合的结果是产生新的思想、新的概念、新的技术或新的产品。例如，台秤 + 微型电脑 = 电子秤。

● 同类组合法

同类组合法是指两种或两种以上的相同或相近事物的组合，其特点是参与组合的对象与组合前相比，其基本性质和结构没有根本变化，是在保持事物原有功能或意义的前提下，通过数量的变化来弥补功能上的不足或得到新的功能。例如，将不同的酒混合起来可以调制成鸡尾酒。

| 课堂练习 |

组合创新法在我们实际生活中的运用非常多，例如，铅笔 + 橡皮 = 铅笔，运用的是主体附加法，使铅笔获得了更大的价值。请你尝试说出身边运用了组合创新法的物品，并说出具体是哪种组合方式。

五、移植创新法

移植创新法，是指把某一领域的原理、结构、方法、材料、模式等移植到新的领域中，从而创造新事物的创造技法。它往往从两个角度进行创新：从现有的成果出发去寻找新的载体；从问题出发去寻找其他现有成果来解决问题。移植创新法可从以下几个方面入手。

原理移植	将某种科学原理向新的研究领域推广和外延，以创造新的技术产物。例如，超导技术具有能提高强磁场、大电流、无热耗的独特优势，把该技术移植到交通领域可研制磁悬浮列车。
方法移植	将某一领域的技术方法有意识地移植到另一领域而形成创造的方法。例如，美国德尔曼教授将带有一排排凹凸不平的小方块铁板烤制出美味饼干的方法移植到运动鞋底的制作上，产生了风靡世界的耐克运动鞋。

结构移植	结构移植是将某种事物的结构形式或结构特征向另一事物移植，以创造新的技术产物。例如滚动摩擦导轨的发明。
材料移植	将某种产品使用的材料移植到别的产品的制作上，以达到更新产品、材料、改善性能、节约材料、降低成本的目的。例如将防水材料移植到衣服上就发明了雨衣。
功能移植	功能移植是将此事物的功能为彼事物所用。例如将相机的拍照功能移植到手机上就发明了手机相机。
技术移植	技术移植是指把某种技术直接应用到其他领域，使其性能得到提升的方法。例如发泡技术手段移植到橡胶生产技术中，将能够产生气泡的发泡剂掺入生橡胶，橡胶熟化后就会像面包一样膨胀起来，这就发明了橡胶海绵及其生产工艺。

六、六顶思考帽法

六顶思考帽的应用方法

　　六顶思考帽法是法国学者爱德华·德·博诺[①]（Edward de Bono）博士开发的一种使用六种不同颜色的帽子代表六种不同思维模式的创造技法，是一种"平行思维"的工具。运用六顶思考帽的方法，将会使混乱的思考变得清晰，使团体中无意义的争论变成集思广益的创造，使每个人变得富有创造性。

爱德华·德·博诺（1933年5月19日—　　）

|注释|

① 博诺博士被誉为20世纪改变人类思考方式的缔造者，是创造技法领域和创新思维训练领域举世公认的权威，被尊为"创新思维之父"。

步骤	思考帽颜色	象征	扮演角色
1	○ 白色	中立而客观的，代表信息、事实和数据	陈述问题和事实
2	● 绿色	充满生机，帮助寻求新方案和备选方案	提出如何解决问题的建议
3	● 黄色	阳光、乐观，代表事物积极的一面	列举优点
4	● 黑色	谨慎、批评以及对风险的评估	列举缺点
5	● 红色	热烈的情绪，预感、直觉和印象	对备选方案进行直觉判断
6	● 蓝色	天空的颜色，有纵观全局的气概	总结陈述，得出方案

|课堂练习|

以小组为单位自选一个议题，运用六顶思考帽的方法展开讨论，最后由蓝色思考帽扮演者进行总结。

七、模仿创新法

模仿创新法就是人们通过模仿已有的事物而创造出与其相类似的事物的创造技法。 主要特点是通过模拟、仿制已知事物来构造未知事物。

从模仿的创造性程度而言，可分为机械式模仿、灵感式模仿和突破式模仿三种。

● **机械式模仿**

机械式模仿是指把别人成功的经验和先进的生产方式直接吸收过来，很少独创。

例如，模仿对手的产品形态、包装风格等，试图抢夺竞争对手的市场份额。

● **灵感式模仿**

灵感式模仿是指创新对象与模仿对象两者之间不是同类事物，但从模仿对象中获得灵感并完成创造。例如，复式住宅的结构灵感来自于双层公共汽车。

● **突破式模仿**

突破式模仿指进行模仿的东西发生了质的变化，而将其他事物转化成自己的东西，往往是全新的创造。例如，安卓系统实际上是一个模仿苹果 iOS+APP 模式的新操作系统。

八、逆向转换法

逆向转换法指的是对事物或方法进行方向、过程、功能、原因、结果、优缺点、矛盾双方等方面的逆转，从而产生新事物或新方法以及解决新问题的创造技法。常用的逆向转换法有以下四种。

● **原理逆向**。从事物原理的相反方向进行的思考。例如，意大利物理学家伽利略在给学生上实验课时，注意到水的温度变化引起了水的体积变化，这使他突然意识到，倒过来，由水的体积变化也能看出水的温度变化。循着这一思路他设计出了当时的温度计。

● **功能逆向**。按事物或产品现有的功能进行相反的思考。例如，保温瓶可以保热，也可以保冷。

● **过程逆向**。对事物发展过程进行反向思考。例如，当小孩掉进水缸里，一般的施救过程就是把人从水中救起，而司马光的救人过程却相反，他采用的是打破水缸的方法。

● **因果逆向**。原因结果相互反转，即由果到因。例如，在数学运算中从结果倒推回来以检查运算过程和已知条件。

九、检核表法

检核表法由美国创新技法和创新过程之父亚历克斯·奥斯本(Alex Faickney Osborn)提出，是根据需要解决的问题或者需要创新的对象，以表格的形式，列出9方面有关问题，然后逐一审核讨论，以促进创新活动深入进行的一种创造技法。

检核表法适用于大部分领域，它的具体用法如下。

奥斯本检核表法

能否他用	考虑现有的事物(包括材料、方法、原理等)还有没有其他的用途，或者稍加改造就可以扩大它们的用途。例如，拉链的功能成功应用于钱包和衣服而获得成功。
能否借用	考虑现有的事物能否借鉴移植别的思路与技术，能否模仿别的事物；现有的发明创新能否引入其他方面的创新成果。例如，泌尿外科医生引入的微爆破消除肾结石技术，就是借用了其他领域的成果而创新的。
能否改变	考虑现有的事物能否做适当的变化，如改变颜色、味道、声响、形状、型号等。例如，亨利·丁根把滚柱轴承中的滚柱改成了圆球，发明了滚珠轴承，大大地降低了摩擦力。
能否扩大	考虑现有的事物能否扩大、增加一些东西，如延长时间、长度，增加寿命、价值、强度、速度、数量，等等。例如，贝明纲在半导体收音机上加装了一个磁棒，研制成了无方向半导体收音机。
能否缩小	考虑现有的事物能否缩小、取消某些东西,使之变小、变薄，减轻、压缩、分开等。这是与扩大相反的创造途径。例如，目前用全息激光储存法，在一平方毫米的平面上可以存储一页资料。
能否替代	考虑现有的事物有无代用品，以其他原理、能源、材料、元件、工艺、动力、方法、符号、声音等来代替。例如，瓶盖里过去是用橡胶垫片，后改为低发泡塑料垫片，从而极大地减少了橡胶的使用。

能否调整	考虑现有的事物能否做适当调整，如改变布局、改变型号、调整计划、调整规格等。例如，美国发明了一种漆涂料暖气，使用时将它抹在墙上，通上电压为 12 伏的电便可以取暖。这种美观的涂料既是装饰材料，又可以放热、蓄电，使用寿命达 40 年之久。
能否颠倒	考虑现有的事物能否从相反的角度重新考虑，能否正反颠倒、上下颠倒、主次颠倒、位置颠倒、作用颠倒等。例如，美国奥尔布赖艺术馆搞了一次劣品展览，把质量差、造型丑的产品摆满展厅，结果引起了人们极大的兴趣，参观者络绎不绝，大家从反面学到了对优质产品的鉴别与欣赏。
能否组合	考虑现有的事物能否加以适当组合，比如原理组合、方案组合、材料组合、部件组合、形状组合、功能组合、目的组合等。例如，南京某中学生利用组合的方法，发明了带水杯的调色盘，将杯子做成伸缩状，并将其固定在盘的中央。

知识拓展
慕课分享

如果您想更深入地学习，可以在中国大学 MOOC 平台搜索冯林教授的课程"脑洞大开背后的创新思维"。

案例分享

HTC 会成为下一个诺基亚？

因为错过了智能手机这一发展契机，鼎盛一时的诺基亚从巅峰跌落下来，无奈之下最终将自己的手机业务卖给了微软。同样的悲剧在 4 年后再次上演。2017 年 9 月 21 日谷歌宣布以 11 亿美元收购全球最大的 Windows Mobile 智能手机生产厂商，包括全球最大的智能手机代工和生产厂商 HTC 及旗下的研发团队 Pixel，同时 HTC 的部分相关知识产权及非专属授权也归谷歌使用。

与诺基亚不同的是，HTC 抢先抓住了智能手机的市场机遇。HTC 昔日在安卓市场纵横捭阖，尤其是 2008 年 9 月，凭借推出的全球第一款安装了安卓系统的智能手机 T-Mobile G1，在美国市场出尽风头，获得了全球智能手机 10% 以上的市场份额，超过了诺基亚和三星，与苹果持平，并最终将"最佳手机公司"的大奖捧了回来。

咨询公司尼尔森的调研报告显示，HTC 在 2011 年曾以 21% 的市场份额位居全球智能手机厂商第二名，仅次于占据 29% 市场份额的苹果公司，成为市值仅次于苹果公司的全球第二大手机厂商，达到历史巅峰。HTC 不曾想到的是，辉煌之后，拐点悄然而至。

在市场方面，HTC 遭遇了苹果公司两次大规模专利战"屠杀"，失去了德国和美国这两大主要国外市场。在技术专利方面，当 iPhone 5 伴随着更加完善的 iOS 系统发布之后，HTC 在手机高端市场争夺战中败下阵来，与此同时，三星 Galaxy 系列也加入了竞争行列，并通过地毯式的广告营销从 HTC 手中疯狂抢夺高端客户。

在苹果和三星两家公司的围剿下，HTC 将眼光转移到了中国大陆市场。一开始，HTC 选择的依然是高端市场、高价路线，但机缘不巧，2011 年开始，小米、魅族、华为、中兴、联想等本土手机品牌如雨后春笋般成长起来，并且定位清晰，主打中低端市场的国内智能手机市场，他们凭借更熟悉本土消费文化，也能深耕运营商渠道，迅速获得大陆消费者青睐。无奈之下，HTC 推出了中端机型 Desire 系列，却未能激发起消费者的热情。由于水土不服，最终在大陆市场铩羽而归。

反思

试从创新的角度分析 HTC 失败的原因。

课外拓展
《天才工作法：创新思维的 5 个原则和 26 个创新工具》

作为创新变革的积极推动者，作者詹姆斯·巴纳曼根据亲身经历和商界的成功案例，以生动的语言、简单传神的图画，讲解了激发人们创新思维的 5 个原则与 26 种天才式创新工具。学习这些方法与技巧，可以帮助你在生活与工作中收获更多灵感，突破瓶颈状态，提高做事效率。

这本书阐述了解决日常难题的 5 个原则：

（1）巧妙联系。想一想自己碰到的某个日常问题，然后让思维如章鱼的触手般向四面八方延伸，如果此时我们能够突发奇想，把这个问题与某种不同的或别人料想不到的东西混合并搭配起来，结果会怎样？

（2）巧妙改变。或许你可以像哈利·波特或赫敏·格兰杰那样，运用高超的本领来改变问题的形状、大小、速度、结构、方式、深浅或顺序。

（3）巧妙航行。让自己的心灵踏上一次"发现之旅"，把自己想象成一个热爱航海、游走于神秘海域、不断探索新世界的船长。

（4）巧妙换向。倘若你在突然之间转换、掉转或者改变方向的话，结果会怎样？

（5）巧妙反对。时不时地反对一下自己生活中的那些规则，不用害怕。

这本书还阐述了解决工作难题的 26 个创新工具：

A. 类比（Analogy）

B. 异类联想（Bisociation）

C. 巧妙模仿（Clever copycat）

D. 删除淘汰（Delete）

E. 放大（Enlarge）

F. 未来思维（Future thinking）

G. 愤怒（Goat）

H. 善念（Halo）

I. 印第安纳琼斯（Indiana Jones）

J. 打乱顺序（Jumble-it-up）

K. 保持简单（Kiss）

L. 可爱的局限（Lovely Limitations）

M. 倍增（Multiply）

N. 疯狂的尼禄（Nutty Nero）

O. 叛逆（Outlaw）

P. 个人化（Personalisation）

Q. 一疾一徐（Quick-slow）

R. 简化（Reduce）

S. 替换（Swapshop）

T. 迁移（Transfer）

U. 逆转（U-Turn）

V. 灵活变化（Variations）

W. 害怕（Wobble）

X. 透视（X-ray）

Y. 酸奶（Yogurt）

Z. 斑马线（Zebra）

| 参考文献 |

[1] 周耀烈.思维创新与创造力开发[M].杭州：浙江大学出版社,2008.

[2] 赵惠田.自组合创新法[J].发明与创新（综合版），2005（08）：8-9 .

[3] 陈工孟.创新思维训练与创造力开发[M].北京：经济管理出版社，2016.

[4] 季跃东.创新创业思维拓展与技能训练[M].北京：科学出版社，2012.

[5] 茹得山，罗庆生.创造创新五百问[M].北京：民主与建设出版社,2004.

[6] [英] 詹姆斯·巴纳曼.天才工作法：创新思维的5个原则和26个创新工具[M].欧阳瑾，译.

   北京：人民邮电出版社，2014.

[7] 徐斌.创新头脑风暴：方法、工具、案例与训练[M].北京：人民邮电出版社，2013.

[8] 缪晨.300个创新小故事[M].北京：学林出版社，2007.

[9] 黄海荣.大学生创新创业教育指导[M].上海：上海交通大学出版社，2016.

[10] 李伟，张世辉.创新创业教程[M].北京：清华大学出版社，2015.

[11] [英] 爱德华·德波诺.六顶思考帽：如何简单而高效地思考.马睿，译.北京：中信出版社，2016.

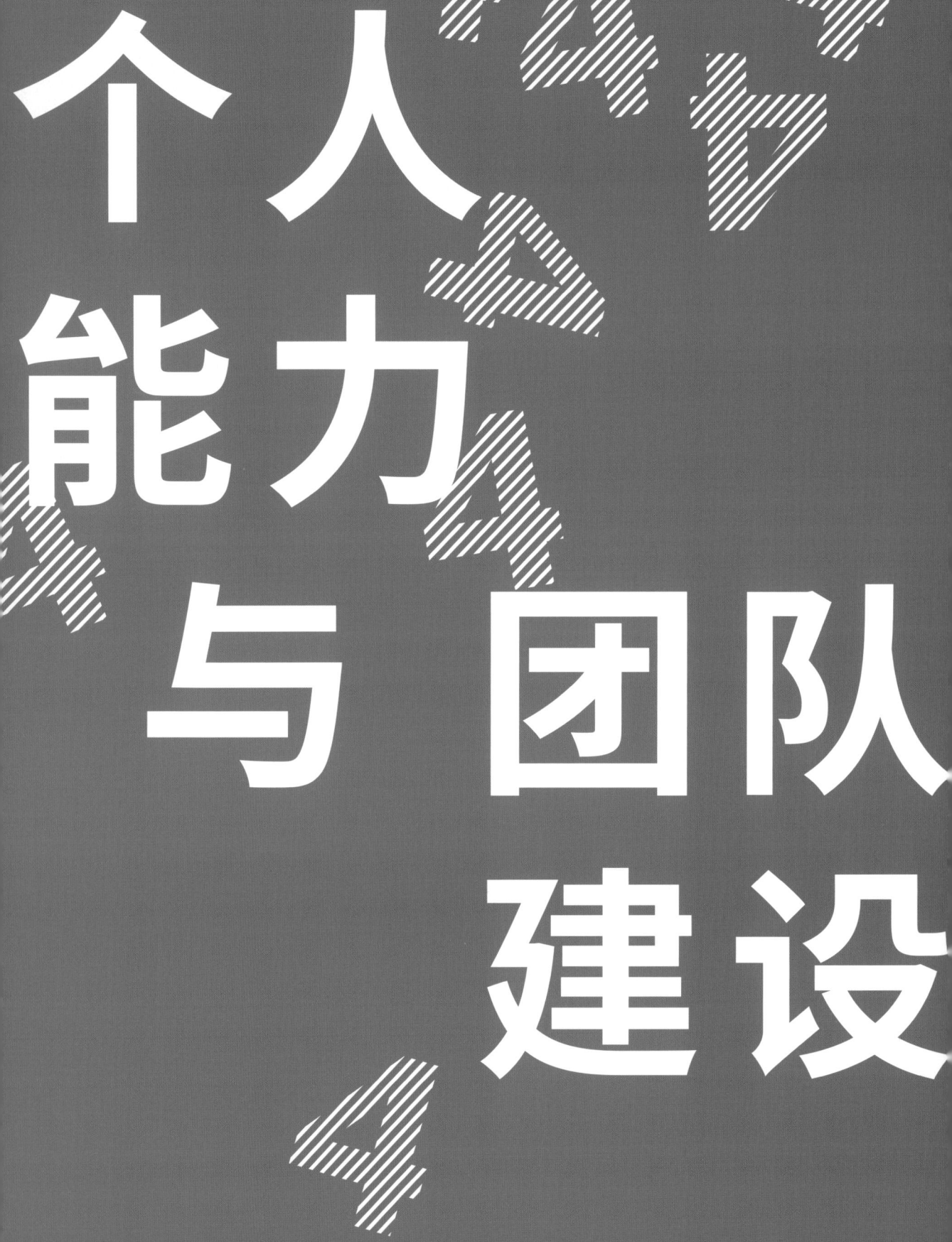

Personal Ability and Team Building

不同的人有不同的技能组合，不同能力在不同个体身上表现的程度也会不同。只有找到个人能力之所长，做到扬长避短，才能在人生道路上少走弯路。对创业者而言，在创业前必须清晰地认识到自己具备哪些创业能力，同时，在创业过程中，需要团队成员之间相互支持以取得长足发展。作为一家没有任何知名度的初创企业，如何排除万难组建一支优秀的创业团队？本章将依据3H理论来认识创业团队的构成及创业团队的建设。

小创： 我最近想看动画片《海贼王》，你给我介绍一下里面的主角好吗？

小业： 我最喜欢路飞，因为我从他身上学到不少东西。

①

小创： 你学到了什么？快说来听听！

小业： 作为船长，虽然路飞好像除了战斗力以外就没有其他技术了，但他相信其他队友，把技术活交给其他擅长的成员来完成，给予他们很大的发挥空间，而且，在适当授权的同时，路飞还会保留自己的重大决策权，哪怕受人质疑。他那种朝着梦想永不放弃的信念塑造了整个团队的灵魂。

小创： 路飞的个人能力确实很强，那其他成员呢？

②

小业：这个海贼王团队里确实是人才济济，索隆战斗力超强，乌索普活跃团队气氛，山治煮得一手好菜，乔巴是后勤保障者，娜美有丰富的航海知识。他们之间优势互补，总能带给观众意想不到的惊喜。

小创：真的吗？那我得赶紧去看看《海贼王》了。

③

④

思考

海贼王团队在不断历险中，能取得成功的关键因素是什么？

4.1 个人能力

一、个人能力的含义

个人能力是指个人在完成一项目标或任务时所体现出来的素质，具体包括想象能力、记忆能力、观察能力、联想能力、组织能力、沟通能力、领导能力、创新能力、学习能力、号召能力和适应能力等。

每个人都具有多方面的能力，而不是只有一种能力。每个人的能力都是多种能力以特定结构结合在一起的，综合呈现为相对来说较强的能力、一般的能力和较弱的能力。那么，你了解自身的能力吗？

二、个人能力描述

● 个人能力一般包括领导能力、营销策划能力、理财能力、沟通能力、团队协作能力。

● 领导能力：个体带领一群有能力的人才来为实现预定的目标而共同奋斗的能力。

● 营销策划能力：个体根据企业的营销目标，以满足消费者需求和欲望为核心所组织的系列活动的能力。

● 理财能力：个体掌管企业的财产，并运用市场规律整合、聚焦和运作好各类经营资源的能力。

● 沟通能力：个体懂得倾听、善于表达、恰当反馈、促成合作的能力。

● 团队协作能力：建立在团队基础上，发挥团队精神，互补互助以达到团队最大工作效率的能力。

通过上述简单的识别方法，我们可以了解自己的优势和劣势在哪里，从而对自身的能力有更清晰的认知。

三、创业者应具备的个人能力

世界管理大师彼得·F.德鲁克说过，卓有成效的管理者正在成为社会的一项极为重要的资源，能够成为卓有成效的管理者已经成了个人获取成功的主要标志。而卓有成效的基础在于管理者的自我管理。**一位优秀的创业者，应该具备三种基本能力——影响力、领导力以及执行力。**只有具备这三种能力，才能对自己实施良好的自我管理，继而对企业进行有效的管理。

创业者所需要的
素质与能力

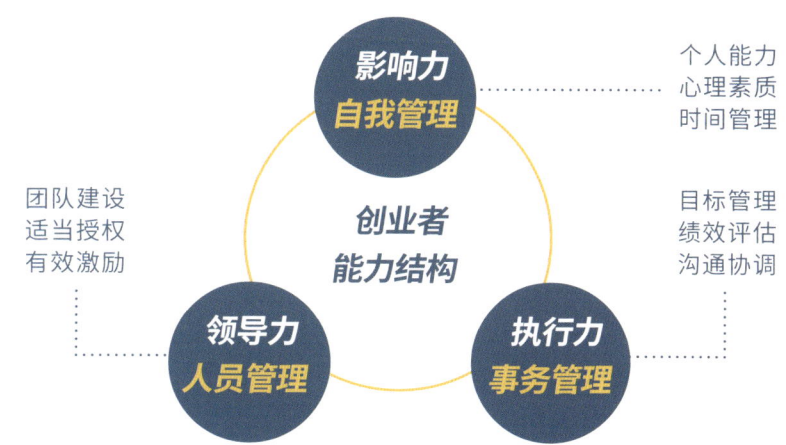

知识拓展

个人能力的测试方法和工具

个人能力究竟如何？也许，你不能快速并且客观地给出答案。这是因为，人们对自身能力的认识往往是感性的，缺乏客观依据的支持。这就需要我们运用具体的评估工具，来探索与识别个人能力。

项目／类型	正式评估	非正式评估
兴趣	霍兰德职业兴趣测评	兴趣岛／晚会游戏
人格	MBTI 职业性格测评／卡特尔 16PF测评	PDP 性格测试
价值观	职业锚测评	拍卖游戏／价值观清单
能力	创造力测试／专长测试	——

4·2 创业团队

一、团队的概念

20 世纪 60 年代至 70 年代，日本经济腾飞使团队管理理论应运而生。1994 年，斯蒂芬·P. 罗宾斯（Stephen P. Robbins）明确提出了"团队"的概念：**团队就是由两个或者两个以上相互作用、相互依赖的个体，为了特定目标而按照一定规则结合在一起的组织。**

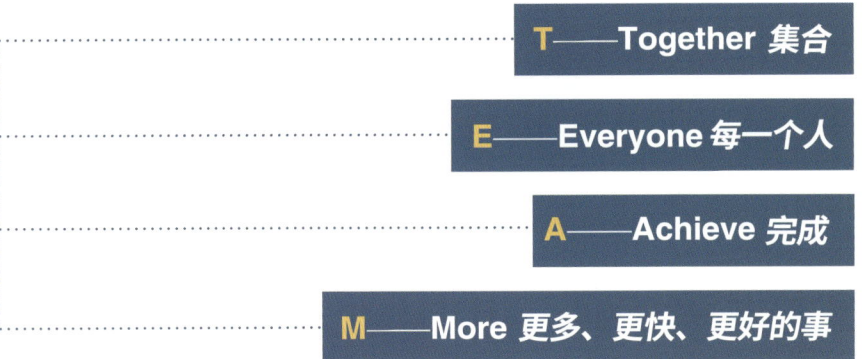

对于团队来说，每个人都应该认可并尊重的一个重要原则是：There is no "I" in a team, but there are "M" and "E". 也就是说，主语地位的"我"要让位于团队的"我们"，"我"只是团队中的一员。

二、创业团队的含义

狭义的创业团队是指一群有共同目标的人，他们共同经营新成立的营利性组织，为社会提供产品或服务，由此实现价值增值。

广义的创业团队不仅涵盖狭义的创业团队，还包含与创业过程有关的各种利益相关者，如风险投资商、供应商、专家咨询群体。

　　本书认为，创业团队是指在创业过程中（包括企业成立前期和成立初期），由一群有着共同愿景、共同目标、共担风险、共享回报的人及利益相关者所组成的群体。

三、创业团队的特性

创业团队的共同性

- **共同愿景** ⋯⋯ 共同愿景是指共同的方向，也往往是创业的初衷。

- **共同目标** ⋯⋯ 马云说过，团结在一个共同目标下，要比团结在一个人周围容易得多。为目标而努力，才能实现具体的结果和产出。

- **共担风险** ⋯⋯ 创业团队是要面向未来，去探索一个不确定的目标，这意味着有可能成功，也有可能失败，每个人都需要承担风险。

- **共享回报** ⋯⋯ 回报是多元化的，既有物质层面的回报，也有精神层面的回报，如一起去探索未知、一起让自己变得更有价值等。

创业团队的互补性

思维互补 ——— 创业团队必须具备不同的思维模式，才能满足用户越来越趋向于个性化的需求。

技能互补 ——— 团队成员在专业技能上形成互补和平衡，并按专业强项分工，才能产生 1+1>2 的效果。

资源互补 ——— 理想的团队应该是一个成员所缺少的东西可以由其他成员提供，才能产生 1+1>2 的效果。

性格互补 ——— 因为创业是一个将想法变成现实的艰苦过程，需要不同性格的人，将生活的不同侧面带入创业过程。

案例分享
意外落败的湖人队

　　2004 年 6 月，在美国男子职业篮球联赛（NBA）年度总决赛中，一方是 NBA 历史上近乎最豪华阵容的洛杉矶湖人队，另一方是 14 年来首次闯入总决赛的底特律活塞队。赛前，很少有人会相信活塞队能够坚持到第七场。从球队的人员结构来看，湖人队是一个由巨星组成的"超级团队"，科比、奥尼尔、马龙、佩顿等，每一个位置上的球员几乎都是全联盟最优秀的，再加上由传奇教练菲尔·杰克逊对球队的整合，在许多人眼中，这是 NBA 最强大的一支球队。活塞队要在总决赛中战胜湖人队只存在理论上的可能性，更何况活塞队是一支缺乏大牌明星的平民球队。

　　然而，最终的结果却出乎所有人的意料，湖人队几乎没有做多少抵抗便以 1∶4 败下阵来。湖人队的失败有其理由："OK"组合（奥尼尔和科比）相互"争风吃醋"，都觉得自己才是球队的领袖，完全没有配合；而马龙和佩顿只是冲着总冠军戒指来的，根本就无法融入整个团队，也没有完全发挥作用，缺乏凝聚力的团队如同一盘散沙，其战斗力自然就会大打折扣。

反思

如何协调个人与团队之间的关系，才能产生 1+1>2 的效果？

创业团队的构成 4·3

组建创业团队

　　创业是一个从无到有的过程。首先必须创建一个与众不同的团队。那么，一个创业团队怎样才能"与众不同"呢？

　　美国创业者普瑞尔·萨拉伊（Prieu Salaj）认为创业团队要具有一种商业上的"黑帮文化"。所谓的"黑帮文化"，要求在一个创业团队里，所有的成员彼此认同感强、契合度高，团队中每个人都有这样一种认知：我们发现了一个不为人知的商业秘密，我们齐心协力、和衷共济，要把这个秘密变成产品展现在世人面前。

一、团队人数

　　普瑞尔·萨拉伊认为创业初期的团队人数贵精不贵多，一般创业团队只需具备以下三种角色，便可搭建起团队的基本框架。普瑞尔·萨拉伊总结出创业团队的 3H 角色理论（Hipster、Hacker、Hustler），**Hipster 代表创新者角色，善于引领潮流；Hacker 代表实干者角色，并敢于变革技术；Hustler 代表协调者角色，善于处理团队内外的人际关系。**

二、人员构成

　　依据 3H 理论，创业团队各类成员应具备的特点如下：

角色	特点
创新者	感知力强；能够把握流行趋势
实干者	掌握极具突破性、变革性的技术；能把漏洞变成商业机会
协调者	八面玲珑、善于交际

4·4 创业团队建设

一、人员招聘

初创企业的人员招聘可以采用询问的方式，分别从知识经验、能力素养、动力适切度三个方面展开对应聘人员的了解。

知识经验和能力素养

采用招聘面试之 STAR（Situation Task Action Result 的缩写）法则，具体含义是：

Situation	事情是在什么情况下发生的
Task	你是如何明确你的任务的
Action	针对这样的情况分析，你采用了什么行动方式
Result	结果怎样？在这样的情况下你学习到了什么

通过 STAR 法则，可以更好地了解应聘人员所具备的知识经验和沟通能力、协作能力、领导能力、主动解决问题的能力等。

动力适切度

怎么找出愿景与团队一致的人？这时动力适切度就特别重要，可从三个方面对应聘者提问：你是谁、你从哪里来、你去哪里。比如："简单介绍自己""你为什么离职""你未来的职业规划是什么"等。

二、人员分工

前文提到的萨拉伊 3H 角色理论能帮助团队在创业初期核心成员的构建，随着初创企业的发展，团队成员分工可参照贝尔宾（Belbin）团队角色理论进一步细化，并设置九种角色。

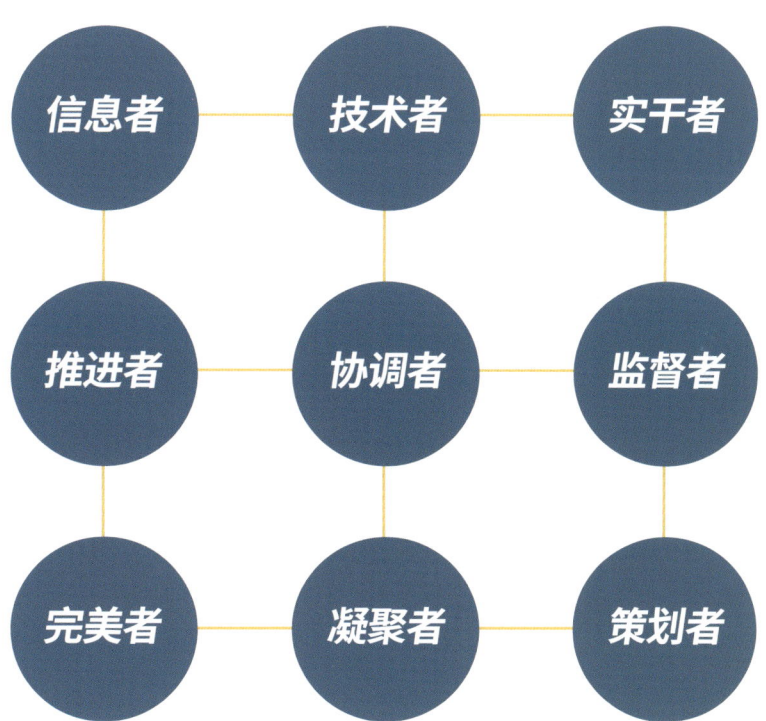

角色	角色特点	承担工作
信息者	外向敏感、好奇心强、善于交际	承担团队对外交流工作
技术者	孤芳自赏、维护标准、内心木讷	承担团队任务执行过程中的技术指导工作
实干者	忠诚度高、工作认真、遵守纪律	承担和完成规范性的实际工作
推进者	挑战别人、富有激情、反应强烈	承担团队建设任务完成情况的检查和督查工作
协调者	情绪稳定、信赖感强、待人公平	承担团队的组织、领导、协调等工作
监督者	头脑冷静、好挑毛病、批判性强	承担团队活动的评审工作
完美者	埋头苦干、尽职尽责、精益求精	承担较为复杂和精细的工作
凝聚者	性格温和、接受建议、合作性强	承担调解成员之间冲突的工作
策划者	聪明灵活、有想象力、解决难题	承担团队活动设计、任务策划等工作

贝尔宾认为，没有完美的个人，只有完美的团队。人无完人，但团队却可以是完美的团队，每种类型的角色都有其特色与专长，但也伴随着一定的可接受的弱势。

三、团队文化

团队文化是指团队成员在相互合作的过程中，为实现各自的人生价值，并为完成团队共同目标而形成的一种潜意识文化。团队文化构成团队建设的主要内容。团队文化主要包括以下三个要素。

团队精神

团队成员共同认可的一种集体意识，是显现的团队成员的工作心理状态和士气，是团队成员共同价值观和理想信念的休现。团队精神的实质是一种力量，是员工在行动上的默契与互补，是"小我"与"大我"的同步发展。

团队情绪

在企业发展过程中经常碰到困难与挫折，但优秀的团队能够使团队成员愉悦相处并愿意为企业排忧解难。成员之间相互信任，能够坦诚、开放、平等地沟通与交流，人际关系和谐，参与愿望强烈，工作中充满热情与活力。

团队效率

团队成员不断提高自己的能力，为营造终身学习的氛围而努力。团队目标统一，分工明确，权责分明，办事积极果断。团队不墨守成规，经常能创造性地解决问题，并且有着很好的对变化实行检测的预警系统与习惯，能对技术的变迁做出迅速反应，对价值观的变化做出调整。

管理创业团队

知识拓展
慕课分享

如果您想更深入地了解创业团队建设的相关内容，可以在中国大学 MOOC 平台搜索首都经济贸易大学马力副教授的课程"创业团队建设与管理"。

｜参考文献｜

[1] 黄海荣.大学生创新创业教育指导[M].上海：上海交通大学出版社，2016.

[2] 朱燕空.创业学什么？[M].北京：国家行政学院出版社，2016.

[3] [美]加里·德斯勒.人力资源管理[M].刘昕，译.北京：中国人民大学出版社，2012 .

[4] [美]埃里克·莱斯.精益创业[M].吴彤，译.北京：中信出版社，2012.

[5] 陈少雄，朱国华.大学生创业规划[M].广州：广东高等教育出版社，2014 .

[6] [美]理查德·多尔夫，托马斯·拜尔斯：创业的轨迹：从创意到一个企业真正的诞生[M].
    刘丽君，倪跃峰，译.北京：中国人民大学出版社，2011 .

[7] [美]约翰·C.麦克斯维尔.领导力21法则：追随这些法则，人们就会追随你[M].路卫军，路本福，译.北京：
    北京时代华文书局，2016 .

[8] 王艳茹，王兵.创业基础：课堂操作示范[M].北京：北京师范大学出版社，2014.

[9] 前程无忧《新前程》杂志.前程无忧：创业旅程[M].北京：航空工业出版社，2008.

[10] [美]川崎.创业的艺术[M].李旭大，译.北京：当代中国出版社 ,2006.

[11] 蔡剑，吴戈，王陈慧子.创业基础与创新实践[M].北京：北京大学出版社，2015.

[12] Carpenter, M.A，Gelekanycz, M.A, Sanders, W.G. Upper Echelons Research Revisited: Antecedents, Elements,
    and Consequences of Top Management Team Composition[J]. Journal of Management, 2004, 30(6): 749-778.

[13] Barbara Senior. An empirically-based assessment of Belbin's team roles[J]. Human Resource Management
    Journal, 1998, 8(3): 54-60.

问题
探索与原制

型作

Problem Exploration
and
Prototype Making
—

为了吃货女友，彼埃尔创办了
eBay；由于一次"课堂作业"，在车库
里诞生了Google；为了实现手机"预
约"出租车司机，卡兰尼克和好友创办
了Uber。在移动互联网时代，我们处
在复杂的环境中，善于进行问题探索并
提出创造性的解决方案是一种优秀的创
业品质。找到核心的、有价值的问题需
要一系列的思维和方法；呈现问题解决
方案需要借助科学的工具和手段。本章
将教会学习者两大技能——问题探索与
原型制作。

小创：小新，我们刚刚在网上预约的车来了吗？

小新：正在来的路上呢。

小创：现在打车真方便，用手机软件就可以叫车了。

小新：是啊，没有优步的话，我们不知道还要等多久才能打车回去呢？

小创：那你知道优步是怎么诞生的吗？

小新：听说是这样的，2009年卡兰尼克和坎普（优步创始人）在一次晚会结束后，因为迟迟打不到计程车而感到苦恼，随后他们就创办了优步。

小创：是的，当时坎普的想法是"如果我挥一挥手机，出租车就能奇迹般出现在面前就好了"。卡兰尼克当时只是笑着说："哥们，你的iPhone可没这个魔力。"但就是这随口一说"网约车"这一产品原型即浮现在了卡兰尼克和坎普的脑海中。不久，他们便创办了优步公司。

小新： 对呀，优步创始人只是从一个很小的生活问题出发，联想到了产品原型，进而创办了公司并研发出手机打车软件。优步经过这几年的发展，目前公司的估值已经达到约700亿美元（截至2017年12月），成为网约车行业巨头之一。

小创： 嘿，你还懂得挺多啊！学会发现身边存在的问题并善于思考解决方案，说不定就是一条创业之路啊！哎，车来了，上车吧……

|思考|

在学习与工作中，我们总会遇到各种问题，应该如何探索问题并找到解决方案呢？

5·1 问题探索

创业就是探索问题、创造性解决问题的过程。本章以"**探寻问题——发现问题——重构问题——呈现问题**"的思路帮助学习者探索具有想象空间和商业价值的问题。

一、探寻问题——问题构想技巧

问题构想技巧（也称问题风暴法），是一种围绕现状提出问题的方式，通过互相提问，不断探寻问题。它和头脑风暴法有一定的区别：头脑风暴一般以能提出"创意"的少数人为主导，而问题风暴法的人员参与更为全面。相比于思考创意，提出问题的难度更低，所以问题风暴法能更有效地探寻问题。问题风暴法一般有四个步骤。

● **明确主题**

首先，以一个陈述句描述当前面临的难题，从而明确讨论的主题，比如："30% 的客户不满意我们的新产品。"类似这样明确的陈述句更能启发与会人员的思考。

● **罗列问题**

小组围绕主题进行提问，选择一名成员记录所有问题，用一张表进行问题的罗列。在该环节中，坚持"以量取胜、不许评价、异想天开、改进组合"的原则。提出问题的时间控制在 50~70 分钟，如果中途不能提出更多问题，则立即暂停，进入下一步骤。

● **优化问题**

对小组成员记录下的问题逐一进行优化改善。例如尝试把所有封闭式问题转换为开放式问题，或者把开放式问题转换为封闭式问题。

● **评选问题**

对罗列的问题进行优化改善后，再进行一次讨论，以能够激发成员兴趣、开启全新思维方式的标准评选最佳问题，并保留 2~3 个最佳问题。

比起头脑风暴法形成的天马行空的创意，从问题风暴法中获得的"问题"更具有针对性，值得团队成员花更多的时间进行思考和讨论。下面是一个以"智能手机正在深刻影响我们的生活"为主题的问题风暴实例。

01 明确主题	02 罗列问题	03 优化问题	04 评选问题
智能手机正在深刻影响我们的生活	我们对智能手机有严重的依赖吗？	为什么我们会对手机产生依赖？	保留
	仅仅是年轻人存在频繁使用智能手机的问题吗？	哪些用户群体对智能手机有着较强的依赖性？	放弃
	这是时代发展的必然吗？	（不变）	放弃
	还有其他物品同样在影响我们的生活吗？	除智能手机之外，还有什么物品在我们的日常生活中扮演着重要角色？	放弃
	经常玩手机会影响视力吗？	经常玩手机会对我们造成哪些负面影响？	放弃
	智能手机是生活的必需品吗？	你如何看待"智能手机已经成为生活的必需品"这一说法？	放弃
	我们可以尝试进行24小时不使用手机的挑战吗？	如果24小时不使用智能手机，你会如何安排这一天的时间？	放弃
	……	……	……

二、发现问题——"5WHY"分析法

　　"5WHY"分析法是一种诊断方法，通过提出和回答五次或多次"为什么"的提问，直达问题的根源，帮助团队发现问题的本质。这个分析方法是由丰田生产方式之父——大野耐一提出的一种简单易用的工具，常被用来识别和说明因果关系链。大野耐一曾举过一个用"5WHY"分析法洞察问题的经典案例——某工厂流水线上的一台机器停止运转了，经理和工人展开了对话。

经理：为什么会停机？
工人：因为超负荷，保险丝熔断。
经理：为什么会超负荷？
工人：因为轴承不够润滑。
经理：为什么不够润滑？
工人：因为润滑油泵不能有效抽压。
经理：为什么不能有效抽压？
工人：因为油泵的旋转轴磨损。
经理：为什么旋转轴会磨损？
工人：因为上面没有过滤装置，使金属碎屑掉进去造成磨损。

　　通过这样反复询问五次或多次"为什么"，最终经理和工人一起找到了问题的根本原因。如果在这个过程中没有洞察到问题的根源，那么工人很可能只是简单地换一根保险丝或一根油泵轴就了事。如果那样的话，问题很快又会再次发生。

三、重构问题——"HMW"提问法

在找到问题的本质后，我们需要对问题进行重构。重构问题常用的方式是一种使用 3 个英文单词开头的问句"How Might We…"（"我们怎样才能……"简称"HMW"提问法）的特殊提问方法。这是一种可以帮助想要成为创新者的人以最佳措辞提出正确问题的简单方式。它对于问题重构非常有效，能够激发创造性思维。

当团队试图进行创新时，成员通常都会谈论自己面临的挑战，但使用的却是抑制创新而非鼓励创新的语言。例如："我们可以做这件事吗？"或"我们应该实施这个计划吗？"我们一旦使用"可以"和"应该"等词语，措辞中就隐含着一种判断："我们真的可以做这件事吗？我们应该做这件事吗？"我们不妨将"可以"和"应该"替换成"怎样才能"这个短语。例如：

我们怎样才能学好创造技法？

我们怎样才能组建高效的团队？

我们怎样才能提高品牌的知名度？

我们怎样才能摆脱对手机的依赖？

……

How Might We

improve (*改进*) / exhance (*增强*)

create (*建立*) / expand (*发展*)

redesign (*重新设计*) ……

每一个提问都是以"我们怎样才能……"（How Might We…）的形式进行提问，刺激团队的每一位成员想出创造性的解决方案。"How"这个词假定了解决方案的存在，它提高了人们的自信心。"Might"是指，我们提出的想法可能可行，也可能不可行。"We"是指，我们基于共同的想法一起去做这件事。运用"HMW"提问法进行问题重构，可以促使我们以最佳措辞提出能够激发创造性思维的、更具建设性的问题。

四、呈现问题——问题画布工具

问题画布是一种用来呈现问题的通用语言和工具。问题画布参照了"5W2H"模型进行设计，即谁的问题（Who）、什么时候发生（When）、什么地方发生（Where）、问题的紧急性（How urgent）、问题的重要性（How important）、问题的本质原因（Why）以及问题是什么（What）。

问题画布左半部分是对问题情境的描述，通过陈述问题发生的时间、地点和对象，可以帮助团队清晰地聚焦问题。右半部分是对问题的分析，包括问题的紧迫性、问题的重要性和问题的本质原因。中间是在此基础上对问题进行重构。基本逻辑是：问题从哪儿来（左半边）、问题怎么样（右半边）、问题是什么（中间）。

用户探索的基本
方法

谁的问题
WHO

问题发生的对象

问题情境描述

谁的问题
WHO

经常使用手机，对手机产生依赖的人群

问题情境描述

课堂练习

为什么我们会对手机产生依赖？

问题画布工具模板

什么时候发生 WHEN	问题是什么 WHAT	问题紧迫性 HOW URGENT	问题本质原因 WHY
问题发生的时间	"HMW"提问法 重构问题	解决问题的紧迫性	问题的深层次原因 （可使用 "5WHY"的分析法）
什么地方发生 WHERE		问题重要性 HOW IMPORTANT	
问题发生的情境		问题的重要性	
	问题重构	问题分析	

问题画布工具实例

什么时候发生 WHEN	问题是什么 WHAT	问题紧迫性 HOW URGENT	问题本质原因 WHY
近几年，智能手机普及之后	我们怎样才能摆脱对手机的依赖？	影响身体健康； 占用时间。	离开手机会 让人产生孤独 和恐惧感
什么地方发生 WHERE		问题重要性 HOW IMPORTANT	
在使用手机的人群中随处可见		非常重要！	
	问题重构	问题分析	

5.2 原型制作

原型制作

一、产品原型的概念

问题探索的根本目的是为了提出更好的解决方案，而解决方案的呈现方式有很多，其中产品原型是最方便快捷的方式。产品原型指的是通过用图像原型、视频原型、拼凑式原型等方式呈现解决方案，以达到验证假设的目的。

传统的产品开发通常要耗费很长的筹划时间，反复推敲，力求把产品做到完美。对于大多数初创企业而言，并没有太多的资源去打造一个完整的产品，但它们可以利用最快速、最简洁的方式建立一个可视化的产品原型来验证自己的商业假设，提高创业成功率。产品原型只把必要的功能留在其中，即产品是为"什么人"（Who）开发的，有"什么功能"（How），可以让他们获得"什么成果"（What）。这样可以节约开发的时间和精力，也能够防止用户从产品的最初预期上分散注意力。

二、常见的产品原型

下面介绍几种初创企业常见的产品原型。

1. 图像原型

图像原型有电子的和纸质的两种。电子图像原型是利用模糊的草图、框线图、流程图等电子图像来展示产品的功能、用途以及使用方式。纸质图像原型和电子图像原型类似，可以使用折纸、剪切画、手绘画等形式来展示解决方案。纸质图像原型的优势在于，不论是产品经理还是设计师、投资者、最终用户，都可以随时随地制作与展示原型。

例如一款手机 APP 的开发，可以选择图像原型对手机 APP 的操作流程进行可视化的呈现。图像原型不需要非常详细和完整，只要开发者能清晰地与他人分享解决方案即可。

电子图像原型举例

① 登录　② 定位　③ 下单　④ 路况　⑤ 付款

纸质图像原型示意

2. 视频原型

视频原型即用视频的方式介绍产品的预期功能、用途及使用方式等。创业者可以将视频原型发布到网站，以此获取用户反馈并验证自己的商业假设。著名的成功案例如国外的 Dropbox，Dropbox 创始人制作了一段 3 分钟左右的小视频，展示了 Dropbox 预期的所有功能以及工作原理。这使得 Dropbox 的注册用户量在一夜之间从 5000 人激增到 75000 人，获取了极大的反响。Dropbox 的小视频让潜在消费者充分了解到这款产品的用途，并在 Dropbox 正式上线后触发了消费者付费的意愿。

视频原型案例

3. 拼凑式原型

　　拼凑式原型是指利用现成的工具或服务完成产品的功能演示，而不需要开发一个完整的产品。无人飞行器开发的过程就是一个很好的例子，它是由一些网上能够买到的简单零件和低端芯片组建而成，实现无人飞行器"起飞"和"搭载"的功能，以此验证产品的商业假设。与投入大量资源进行产品开发相比，借用现有的工具或服务做出一个最简单的产品原型，可以更高效地利用有限资源，并节约成本。

拼凑式原型案例

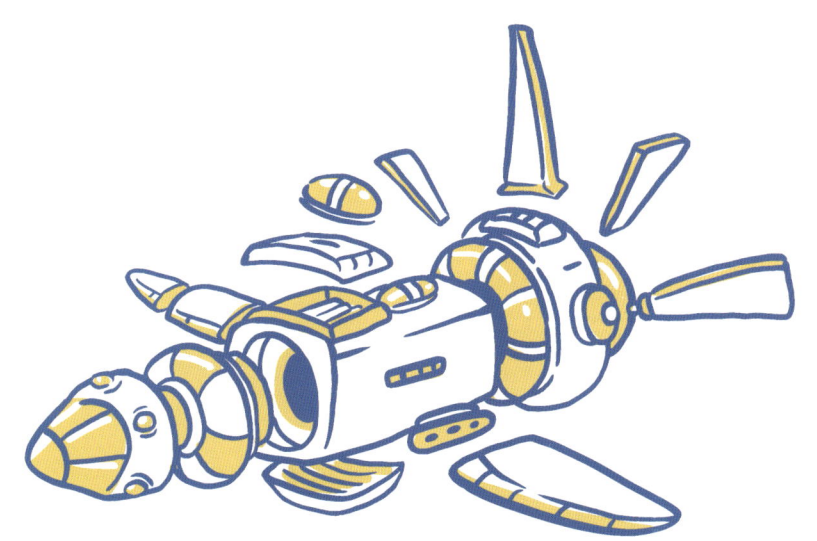

知识拓展
慕课分享

　　如果您想更深入地了解问题探索的相关内容，可以在中国大学 MOOC 平台搜索厦门大学木志荣副教授的课程"如何识别和评估创业机会"。

案例分享

别光有想法，要建立原型！

格雷是NewsGator Technologies 公司的创始人，该公司是一家企业社会化计算软件供应商。格雷创造的 NewsGator 插件，也叫"Outlook 新闻聚合器"，是一款可以让你在 Outlook 中收看新闻和发表博客的插件。

在互联网科技不发达的时候，能在 Outlook 实现收发新闻和博客等功能的插件不多。其中有一款插件的外观和风格与 Outlook 相似，但是有着完全不同的快捷键，结果让格雷在想删除一些东西的时候却把它们转发出去了。格雷在适应这个插件的过程中，一个想法突然出现在他的脑海中："为什么不能像读邮件那样直接在 Outlook 里阅读内容呢？"

格雷以最快的速度构建了工具原型，这个工具的用途是实现在 Outlook 中显示订阅内容。格雷把想法以图像原型的形式呈现并截图发表在了博客上。一夜之间，评论铺天盖地，都是对这个想法的积极回应。

格雷受到反馈的鼓舞，花了一整晚的时间来处理原型，并马上将"Outlook 新闻聚合器"0.1版发布在博客上。第二天还发布了 0.2 版，鼓励那些不敢抢先尝鲜的人们。接下来的时间格雷平均每 5 天会更新一个"0.1 版"。让人意外的是，"Outlook 新闻聚合器"1.0 版是在格雷产生想法后的第 60 天就诞生了。

在早期开发过程中，格雷公开讨论了可能加入的新功能，以及这些功能应该如何运作。格雷还在博客上坦诚地询问了一些技术问题。尽管会有现成的解决方案，不过，格雷还是试着在受众中找些人来先行体验，从而确定如何做才会更好。

经过格雷几个月的产品迭代，格雷团队终于揭开了"Outlook 新闻聚合器"2.0 版及其在线平台的神秘面纱，让用户可以在多台计算机和在线聚合应用间进行同步。对格雷来说，这是一次雄心勃勃的产品发布，多种产品（手机版、电子邮件客户端以及 Web 服务）同时问世，还有一项单独提供的优质内容服务。"Outlook 新闻聚合器"及其在线平台发布之前，已经有百余名公测用户使用过这个平台了。从格雷的想法出现到原型制作，再到产品的迭代，最后每月获取巨额的收入，整个过程只用了不到一年的时间。

资料来源：《财经天下》周刊。

案例分析

如果格雷只是拥有想法，而没有积极地构建原型并进行迭代，那么他可能永远也不会获得成功。实际上，格雷在拥有一个想法的时候，马上就开始构建原型，因为他知道只有可运行的早期产品才能最好地传达想法。

｜课后练习｜

本章我们一共学习了三种原型制作方法，分别是图像原型、视频原型以及拼凑式原型。请您尝试选择一种原型制作方法呈现团队的某种解决方案。

课后延伸
学会发现问题

在快速变化的时代里，面对纷繁复杂的环境，善于探寻问题并发现问题的本质，是一种值得磨炼的优秀技能。那么我们应该如何进行练习？

首先，从身边开始。在校园里、在餐厅中，在我们司空见惯的地方带着疑问的目光探寻问题。或者把旅行变成一次发现，去陌生环境探寻问题，并尝试解决它们。

其次，质疑问题本身，抓住问题设定的契机，发现问题本质。别忙着回答："怎样归纳中心思想？"先质疑一下"为什么要中心思想"。如果说"条条大路通罗马"，在回答"如何到达那里"之前，不妨质疑一下"为什么是罗马"。

带着一颗"发现问题之心"，你的眼睛和理性都将进入准备"拍照"的状态，能够在熟悉中发现崭新的真实问题。长此以往，我们就获得了更深刻的洞察能力，以及更敏锐的"问题意识"。

|参考文献|

[1] 朱恒源，余佳 . 创业八讲 [M]. 北京：机械工业出版社，2016.

[2] 斯晓夫，吴晓波，陈凌，邬爱其 . 创业管理：理论与实践 [M]. 杭州：浙江大学出版社，2016.

[3] 陈德明，陈少雄，朱国华 . 大学生创业规划 [M]. 广州：广东高等教育出版社，2014.

[4] 李家华，雷家骕，张玉利 . 创业基础 [M]. 2 版 . 北京：清华大学出版社，2015.

[5] 朱燕空 . 创业学什么：人生方向设计、思维与方法论 [M]. 北京：国家行政学院出版社，2016.

[6] [美] 沃伦·贝格尔 . 绝佳提问：探询改变商业与生活 [M]. 常宁，译 . 杭州：浙江人民出版社，2015.

[7] [美] 托尼·斯托茨福斯 . 提问的威力：教练问题全清单 [M]. 赵学敏，译 . 北京：华夏出版社，2014 .

[8] [美] 尼尔·布朗，斯图尔特·基利 . 学会提问 [M]. 吴礼敬，译 . 北京：机械工业出版社，2013.

[9] [美] David Cohen，Brad Feld. 他山之石：TechStars 孵化器中的创业真经 [M]. 傅尔也，傅志红，译 . 北京：
人民邮电出版社，2012.

[10]《财经天下》周刊 . 创业：我们创什么 [M]. 广州：广东人民出版社，2016.

用户户
测试
与产品
开发

User Testing
and
Product Development

很多初创企业失败的原因是混淆了
"探索"与"执行"。用户痛点和解决方
案在本质上都是未知的，当找到问题的
解决方案后，我们可能会马上去执行，
但没有经过验证的解决方案一旦执行可
能会耗用大量的成本。所以在方案执行
之前，我们应该通过用户测试来检验方
案是否可行，获取用户反馈后再进行产
品开发并快速迭代，这才是初创企业提
高创业成功率的方法。本章将带领你深
入探讨用户测试与产品开发的方法。

道格·迪亚兹（Doug Dietz）研发出一种核磁共振成像仪（医学测量仪器），并获得了设计界的奥斯卡奖——美国工业设计优秀奖，道格为此充满自豪感。

①

小新：有一次，妈妈带我去医院做检查用到了核磁共振成像仪。当时面对这样一个冷冰冰的庞然大物，我被吓哭了。

小创：这有什么好怕的，这么炫酷的外观，待在里面肯定很舒服吧。

小新：这个怪物像章鱼，它会吃掉我的！

小创：那怎么办？你进去做检查了吗？

小新：我是哭着进去的，现在想起来还让人胆战心惊。

小创：可是我听说，该仪器的设计获得了国际设计大奖呢。

小新：管他获得什么奖，我觉得躺在里面太可怕了，下次再也不敢进去了！

②

③

道格听到了很多类似的对话，开始进行反思。他从未想到，自己这么一件"完美"的设计，在孩子的眼中竟是如此可怕。经过一番研究和思考，他决定把核磁共振成像仪改装成海盗船的样子。这小小的改动，让许多小朋友都不再害怕这项检查，反而争先恐后地要去体验一次"海盗船"。

④

|思考|

　　1.你认为改装后的核磁共振成像仪获得小朋友喜爱的原因是什么呢？

　　2.在创业路上，我们如何进行产品开发，才能更好地满足用户的需求？

6.1 用户测试

一、什么是用户测试

在本章开篇的故事中，开发者觉得完美的产品，顾客不一定会喜欢。所以，除了从自身角度出发审视产品以外，开发者还需要站在用户的角度进行思考。

用户测试就是将产品原型交付用户使用并由用户提出修改建议的过程，如：产品界面是否友好、操作是否流畅、功能是否达到用户使用要求等。该环节可以让开发者清楚用户对产品的真实想法，进而根据用户的反馈进行有针对性的完善。

二、天使用户

测试的用户不是所有目标用户，而是天使用户。天使用户是指能够接受不太完美，甚至有些缺陷的早期产品，并且愿意和企业一起试用、验证和反馈，甚至参与产品研发，共同完善产品的早期用户。天使用户的共性是热爱这个产品，并从口碑、产品改进等角度成为促进产品从小众走向大众的基石。实际上，他们就像天使投资一样，对很多产品和企业有着至关重要的意义。

三、用户测试的方法

如何测试产品，并有效地获取用户的反馈是一门复杂的学问。下面介绍四种常见的用户测试方法：用户访谈、产品预览、众筹、小规模用户测试。

用户验证的基本流程

1. 用户访谈

用户访谈是访谈者通过和被访谈者进行互动，来了解被访谈者关于某一主题或多个问题的认识，从而深入挖掘被访谈者的信息。简单来说，用户访谈就是获取用户的需求信息。在创业过程中，没有严格的定理、定律，只有各种不同的意见和假设，而初创企业验证各种假设是否正确的重要途径，就是与真实的用户进行沟通，向用户解释产品功能，询问用户对产品不同部分的重要性是如何排序的，然后根据收集到的信息再对产品进行调整。

用户访谈可以通过线上或者线下进行。线上，通过微博、微信等社交媒体与用户进行互动交流，获取广大用户的需求信息。线下，通过与天使用户面对面交流，以最直接的方式获取用户反馈。

2. 产品预览

一般来说，产品预览可能仅仅是一个网络页面，但它可以让访客或潜在用户了解产品概况，并通过用户的点击获得反馈意见。产品预览既是介绍产品特性的一种营销手段，也是进行用户测试的方法，初创企业可以借此了解产品到底能不能达到市场的预期。例如，增加一个单独的页面来显示不同产品的价格，向访客展示可选的价格套餐等有关产品价格的信息，用户的点击情况可以帮助企业修订定价策略，使产品更有竞争力。

3. 众筹

目前市面上的众筹网站为初创企业进行用户测试提供了很好的平台。初创企业通过发起众筹的方式，根据人们的支持情况判断人们对产品的态度。此外，众筹还可以帮助初创企业接触到对产品有浓厚兴趣的天使用户，他们的口口相传以及持续的意见反馈对于产品的成功至关重要。

2013 年最瞩目的自媒体事件——《罗辑思维》的诞生，证明了众筹在内容生产和社群运营方面的潜力。一方面，《罗辑思维》利用众筹推出了会员套餐，在短时间内，筹集了近千万元会费。另一方面，众筹参与者被称为"知识助理"，利用众筹的调研功能，获取大量的用户反馈意见，为《罗辑思维》视频节目策划选题。众筹成了《罗辑思维》能够快速在市场上生存发展的重要武器。由此可见：做众筹，获得的不仅是资金支持，更能获得第一批用户和真实的市场需求。

4. 小规模用户测试

小规模用户测试是指，假定某个产品已具备预期的功能，但实际上为小规模客户提供的都是个人化的人工服务，以此检验企业的商业假设。在 1999 年的时候，创业者尼克·斯威姆（Nick Swinmurn）提出了一个网上卖鞋的思路。最初，大家并不以为然，认为不会有人在网上购买这种具有显著店铺销售特征的商品。而斯威姆当时的做法就是：将当地鞋店热销的鞋子的照片上传到网页上来测试市场反馈。当有人在网上下单时，他就会去当地鞋店买下客户下单的那双鞋，然后送到顾客手中，完成交易。相比一开始就投资在基础建设和商品库存上的做法，斯威姆通过这样低投入的方式验证了网上卖鞋想法的可行性及销售鞋子、收取货款、处理退货和客服支持的全部流程。之后斯威姆创办了 Zappos 公司，成为当时全球最大的网上卖鞋网站，后来被亚马逊公司以 12 亿美元的价格收购。

产品开发 6.2

通过用户测试获取了用户反馈意见后，初创企业可以开始着手进行产品开发。**产品开发有多种方法——瀑布式开发法、迭代式开发法、螺旋式开发法、敏捷开发法，**本节重点介绍以产品为中心的瀑布式开发法和以客户为中心的迭代式开发法。

一、瀑布式开发法

瀑布式开发法是一种传统的产品开发方法。该开发方法一共分为六个阶段：(1) 需求;(2) 设计;(3) 开发;(4) 集成;(5) 测试;(6) 部署。应用瀑布式开发法进行产品开发时，只有在前一阶段的任务完成之后，开发团队才能进入下一阶段的工作，因此它被形象地取名为"瀑布"。这是一种传统的产品开发模型。

瀑布式产品开发流程

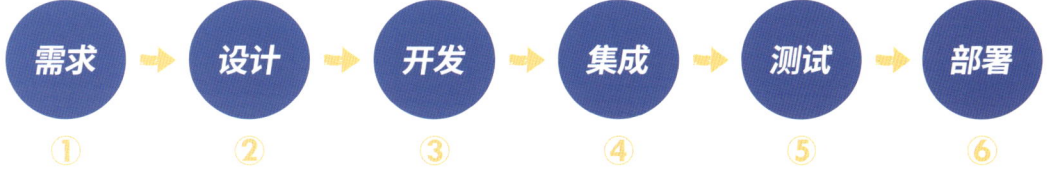

传统的瀑布式开发法，往往在需求调研完全结束，进行预算、规划后，开发工作才正式开始。在确定性高的环境下，这种产品开发模式，可以取得一定效果。但对在充满不确定性环境中进行生存与发展探索的初创企业而言，这种方法存在明显的不足。假如初创企业对用户的需求不能做出准确判断，花了几个月甚至更长时间开发了一个自认为完美的产品，当产品呈现在客户面前时，很可能这并不是客户想要的产品，而此时，初创企业已投入了大量时间和高额的成本，产品如果推广不好的话，损失会很大。下面介绍更适合初创企业进行产品开发的方法——迭代式开发法。

二、迭代式开发法

某个实验可以帮助团队验证或者否定某个商业假设，而迭代式开发法则是指开发团队为了达到某个特定目标（将产品和市场需求匹配起来）而连续进行多个实验的过程。

每次循环不求完美，但求不断发现新问题，迅速求解，获取和积累新知识，从而帮助企业获得核心认知。与瀑布式开发法不同，迭代式开发法认为每个阶段都要经过若干次循环才能完成。在某次迭代中完成系统的一部分功能或业务逻辑，然后将未成熟的产品交付给天使用户，通过他们的反馈来进一步细化需求，从而进入新一轮的迭代。例如谷歌的开发战略，就是这种"永远测试版（Beta 版）"的迭代策略，没有完美的软件开发，永远都可以更好，永远在更新或改善功能。

迭代式产品开发流程

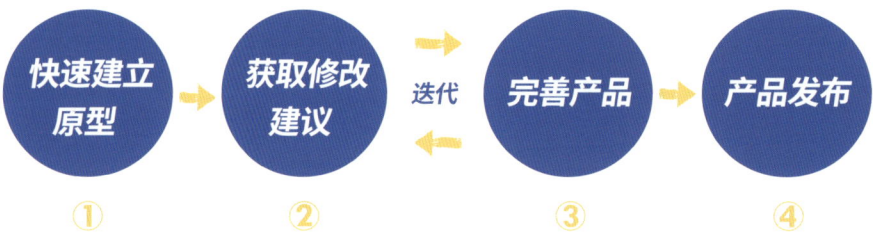

传统的创业者觉得通过重复试错来学习是件令人难堪的事。从左向右推进说明一切进展顺利，反之就是失败。迭代开发认为后退是一种很自然的、有价值的探索和学习手段。它鼓励我们反复尝试，直到达到特定的目标才进入下一阶段。

这里我们要引入一个精益创业的理念——最小化可行产品（Minimum Viable Product，MVP）。最小化可行产品是指针对天使用户的最小可实行产品。它不一定仅仅表示实际存在的产品或某一个原型，更多的是指验证商业基本假设的过程。本书第五章、第六章所讲述的内容，从问题探索与原型制作到用户测试与产品开发，就是初创企业验证商业基本假设的过程：通过聚焦最核心的用户，到定义最小功能集的产品，再到数据收集与测度，最后是快速学习和迭代，并不断实现对认知的深化，从而以更小的成本开发客户真实需求的产品。

原则——一切创意面向顾客

知识拓展
慕课分享

如果您想更深入地了解用户测试与产品开发的相关内容，可以在中国大学 MOOC 平台搜索郑刚副教授的课程"创业管理"。

知识链接
成熟企业与初创企业的区别

在成熟企业里，产品开发奉行的理念是为现有市场开发后续产品。开发后续产品具有以下优势：顾客已知、需求明确、市场类型确定、商业模式稳定。所以，成熟企业的产品开发主要体现在以合理的成本为现有顾客提供新功能，借此扩大市场，实现利润最大化。相反，多数初创企业只能猜测客户是谁，以及面对的市场是哪种类型，手中唯一的砝码是产品创意。初创企业的目标是为产品寻找市场，而不是根据已知市场优化产品。简言之，成熟企业根据已知市场需求定义产品，而初创企业根据产品寻找未知市场。

区别	成熟企业	初创企业
市场	已知	未知
顾客	已知	未知
需求	已知	未知
商业模式	已知	未知

案例分享

无印良品公司成功的原因

无印良品是一个日本杂货品牌，产品类别以日常用品为主，注重纯朴、简洁、环保、以人为本等理念。

无印良品是一个另类的企业，没有 Logo、广告、代言人、繁复的颜色与样式，业绩却一飞冲天：2010 年至 2016 年，其全球净销售额从约 107.8 亿元人民币增至史无前例的约 210 亿元人民币（利润约 24 亿元人民币）。2014 年初无印良品在中国大陆的店铺数只有 100 家，2017 年初增加到了 200 家。公司成功的背后，隐藏着怎样的原因呢？

洞察消费者需求。 从 2003 年开始，无印良品实施名为"观察"的开发计划，开发团队会直接拜访消费者，观察其日常生活，并对房间内每一个角落，乃至每件家庭用品一一拍照，照片随后被提交讨论分析，以此挖掘潜在的消费需求。此外，无印良品利用互联网渠道，在网上发帖征集消费者想要什么样的商品，然后融合想法，选出几种构想让消费者投票，最后根据得票数最多的方案进行开发设计。

重视每一位消费者的意见。 在无印良品社长金井政明的手机邮箱内，最受珍视的邮件来自"生活良品研究所"，每个顾客的反馈意见均会直达其邮箱。这些都是顾客所不知道的，他们不知道这些意见居然社长都会亲自看。此类邮件到达的高峰是在周三，总数超过 100 封，平常亦有 30~50 封。

贴心的本土化设计。 早年，无印良品产品开发的负责人到中国出差，了解到中国员工抱怨日式床的尺寸大小并不符合中国国情。于是无印良品派驻调查人员到中国本土家具城，记录下每个卖场里所售床的尺寸与每个尺寸的产品数量，并向日本总部提出改进提案。这份提案促使无印良品于 2013 年 1 月起在中国售卖 1.6 米宽、1.8 米宽的大床。除了床，一款符合本地市场、特殊尺寸的桌子亦在中国出现。本土化的产品开发拉升了无印良品在全球各地的营业额。

资料来源：中国品牌网，搜狐网，东方财富网。

案例分析

看到这里，我们可以揭晓无印良品年销百亿的秘密了，即重视消费者需求，把产品做到极致。极致的产品、人性化的设计，打动了每一位无印良品的消费者。无印良品的产品以平实简约的设计哲学还原了商品本身的价值，将无印良品的品牌理念升华到文化层面、哲学层面。

课后延伸

初创企业的四项致命错误

1. 认为"我很清楚客户需要什么"

第一个错误是，企业创始人坚信自己清楚客户群体有哪些、清楚他们需要什么以及如何向他们销售产品。成立伊始，可以说初创企业只是一个建立在假设基础上、以创始人个人信念为支撑的项目。但是，传统的产品开发法却让创始人把这些商业假设当作事实，以此为基础去设计产品。要想实现成功，创始人必须把假设或猜想尽快变成事实，具体做法是走出办公室询问客户这些假设是否正确，然后迅速改变其中错误的内容。

2. 认为"我知道该开发哪些产品功能"

第二个错误是在第一个错误的基础上形成的。自认为清楚有哪些目标客户的企业创始人，会假定自己了解客户需要的产品功能。他们会利用传统的产品开发法在办公室里指定、设计并打造出具有全面功能的产品，但是，这种做法真的适合初创企业吗？答案是否定的，因为它只适合那些拥有已知客户群体的成熟企业应用。未做调查，你并不清楚产品功能能否吸引客户。颇具讽刺意味的是，让初创企业陷入这种困境的恰恰是这些曾被广泛使用的产品开发法。

3. 强调执行而非"假设—测试—学习—迭代"流程

诚然，成熟的企业可以在客户群体、客户问题、产品功能等因素已知的情况下执行商业模式，但初创企业与此不同，它们必须采用"探索"模式，通过测试验证每一个初始假设。每一次测试都是一次学习机会，它们能帮助企业修正假设条件，然后再次测试，以寻找可重复、可升级和可盈利的商业模式。在实践中，初创企业都是从一组初始假设（猜想）开始的，其中大部分假设最后经过证明都是错误的。显然，如果强调在未经验证的初始假设的基础上执行方案、交付产品或服务，这样做无异于自取灭亡。

4. 传统商业计划认为"不跟踪，不犯错"

企业财务状况可通过利润表、资产负债表和现金流等衡量指标进行跟踪，哪怕企业还没有可供衡量的营业收入。但在实际应用中，这些指标对初创企业来说统统没有意义。这些衡量指标全都无法跟踪初创企业需要重点关注的目标——探索可重复和可升级的商业假设。正相反，传统的衡量指标甚至会阻碍它们的发展。

资料来源：史蒂夫·布兰克，鲍勃·多夫的《创业者手册》。

|参考文献|

[1] [美]埃里克·莱斯.精益创业[M].吴彤，译.北京：中信出版社，2012.

[2] [美]史蒂夫·布兰克，鲍勃·多夫.创业者手册：教你如何构建伟大的企业[M].新华都商学院，译.北京：机械工业出版社，2013 .

[3] [美]克莱·舍基.人人时代：无组织的组织力量[M].胡泳，沈满琳，译.北京：中国人民大学出版社，2012.

[4] 朱燕空.创业学什么：人生方向设计、思维与方法论[M].北京：国家行政学院出版社，2016 .

[5] 龚焱.精益创业方法论：新创企业的成长模式[M].北京：机械工业出版社，2015.

[6] 朱沛.创业战略管理[M].厦门：厦门大学出版社，2015.

[7] [美] Steven Gary Blank.四步创业法[M].七印部落，译.武汉：华中科技大学出版社，2012.

Business
Model
and Value
Enhancement

当创新成为发展主题，跨界竞争成为商业常态，互联网思维已渗入商业战场的方方面面时，商业模式的重要性日益显现。商业模式就是一个公司获得利润的途径或方式。世界管理大师彼得·德鲁克（Peter Druker）甚至认为：当今企业之间的竞争，不是产品和服务之间的竞争，而是商业模式之间的竞争！

让我们一起来感受商业模式的魅力吧。

场景：小创和小新在麦当劳餐厅。

小创：你好喜欢吃麦当劳的快餐呀。

小新：是呀，麦当劳的快餐便宜又好吃。

①

小创：麦当劳公司是唯一一家进入2017年全球最具品牌价值榜零售板块前十名的快餐企业，这样一家世界级的企业到底靠什么来赚钱？不会真的是靠卖汉堡吧？

小新：麦当劳的汉堡其实利润非常少，甚至不赚钱。

小创：那是——薯条？

小新：也不是，小薯条每包成本大概1.1元，卖7.5元，中薯条每包成本1.56元左右，卖10元，但这不是它主要的收益来源。

小创：那还能是什么？

小新：麦当劳的商业模式不同于一般的快餐店，麦当劳60%以上的收益都来自房地产。

小创：商业模式是怎么回事？快说来听听。

②

小新： 麦当劳首先建立它的餐饮文化，以购买或者长期租赁的方式建立起麦当劳商圈，通过麦当劳商圈不断拉动海量的消费者来到麦当劳以及附近的商圈，再把房屋出租出去。并且它不是被动地等待房产升值，而是积极主动地长期拉动房产价格的增长。

小创： 原来是这样，看来一个好的商业模式才是一个企业能够做大做强的利器啊。

③

④

|思考|

　1. 商业模式是什么？它是如何为企业创造价值的？

　2. 初创企业可以选择怎样的商业模式？如何优化自己的商业模式？

7.1 商业模式理论解读

一、商业模式概念

　　商业模式就是一个公司获得利润的途径或方式。本质上，商业模式就是企业为客户创造并传递价值，使客户感受并享受到企业为其创造的价值的系统逻辑。

商业模式概念

二、商业模式的四个维度

　　为了更深入地了解商业模式，我们一般把它分成四个组成维度：价值体现、价值创造、价值传递和企业盈利。

　　一是价值体现，指企业拟为客户创造并传递的价值。

　　二是价值创造，指企业构建的平台、资源和流程等。

　　三是价值传递，指通过相关平台、渠道，将企业价值传达给目标客户群的过程。即使企业有巨大价值，如果不能将价值传递出去，也是无用的。

　　四是企业盈利，指企业获取利润的方式。

商业模式的四个维度

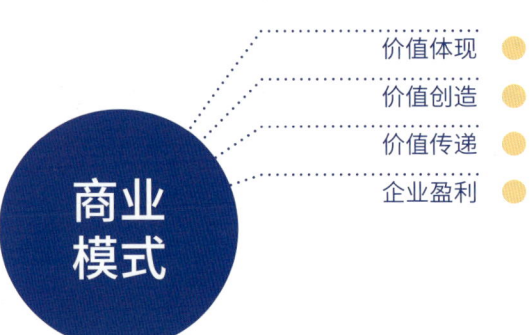

- 价值体现
- 价值创造
- 价值传递
- 企业盈利

商业模式

最流行的商业模式工具
——商业模式画布

7.2

一、商业模式画布概念

什么是商业模式
画布

商业模式画布，是由亚历山大·奥斯特瓦德（Alexander Osterwalder）和伊夫·皮尼厄（Yves Pigneur），与超过 470 位参与者共同开发的一个简单易用的商业模式设计工具。创始人对商业模式画布的定义是：**一种用来描述商业模式、可视化商业模式、评估商业模式以及改变商业模式的通用语言。**

二、商业模式画布的组成

商业模式画布由九个构造块组成，分别为：**客户细分、价值主张、渠道通路、客户关系、收入来源、核心资源、关键业务、重要合作和成本结构。** 按照以上顺序解读商业模式画布，便可展示企业创造价值的商业逻辑。商业模式画布对于创业者的重要性在于：催生创意、降低猜测、确保创业者找准目标用户、合理地解决问题。

下面是商业模式画布模板。

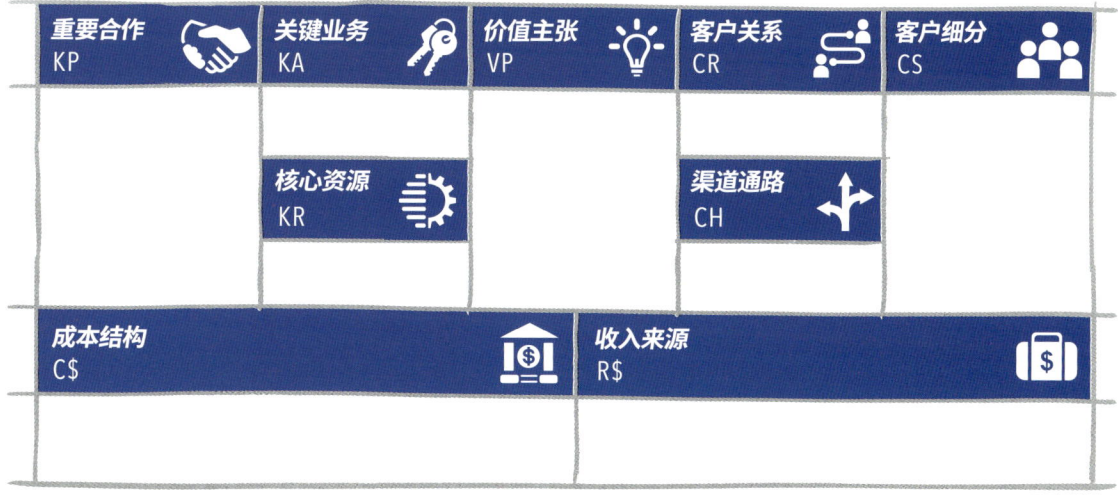

什么是商业模式画布

重要合作 KP	关键业务  KA	价值主张 VP	客户关系 CR
非竞争者之间的 战略联盟关系 可靠的供求关系 竞争者之间的 竞合关系 共同开发的 合资关系	生产制造 产品研发 市场营销 **核心资源** **KR** 有形资源 无形资源 人力资源	新颖 性能 品牌 价格 便利性	个人助理 自助服务 自动化服务 社区服务 **渠道通路** **CH** 自有渠道 合作伙伴渠道

成本结构 C$	收入来源 R$
固定成本 可变成本	资产销售 使用收费 授权收费 中介收费

5 收入来源
R$(Revenue Streams)

从不同客户细分群体中获取的收入。收入的方式有：资产销售、使用收费、租赁收费、授权收费、广告收费和中介收费。

6 核心资源
KR(Key Resources)

让商业模式有效运作所必需的最重要的资源，这是商业模式的基础。核心资源可以分为有形资源、无形资源和人力资源。这里要强调三点：

(1) 核心资源可以是自有的，也可以是从重要合作者那里获得的；

(2) 不同的商业模式，所需的核心资源也会不同；

(3) 创业者要非常清楚创业项目的核心资源所在。

课堂测试

1. 请合上书本，按照商业逻辑顺序回忆商业模式画布的九个构造块。

2. 麦当劳的客户细分群体是什么样的？

商业模式画布
——核心资源、关键业务、
重要合作、成本结构

客户细分
CS

地域
年龄
性别
收入
职业
教育程度
生活方式

租赁收费
广告收费

将九个构造块按商业逻辑顺序分别展开。

1 客户细分
CS(Customer Segments)

企业或机构所服务的一个或多个客户分类群体。企业可以按地域、年龄、性别、收入、职业、教育程度和生活方式等对客户进行细分。为了满足客户的需求，企业要清楚是为哪一个客户群体提供产品或服务。

2 价值主张
VP(Value Propositions)

客户从企业提供的产品和服务中期望得到的收益。价值主张被认为是商业模式中最重要的环节，它值得创业者花更多的时间去思考和设计。

3 渠道通路
CH(Channels)

如何沟通、接触客户细分群体而传递价值主张。渠道通路要求创业者思考把产品和服务转移到客户细分群体的具体路径是什么？

4 客户关系
CR(Customer Relationships)

把产品传递给消费者的同时，创业者还要明确如何与客户建立关系。驱动创业者做好客户关系的动机包括：获取客户、维护客户关系、进一步提升销量。

7 关键业务
KA(Key Activities)

为了确保商业模式可行，企业必须做的最重要的事情，包括生产制造、产品研发和市场营销。企业可以运用一种商业模式优化工具——价值链模型，帮助创业者认清这些最重要的事情是什么。

8 重要合作
KP(Key Partnerships)

商业模式有效运作所需的供应商与合作伙伴的网络。重要合作关系有以下类型：战略联盟（这种联盟可能出现在竞争者或非竞争者之间），合资关系，可靠的供求关系，竞争者之间的合作关系。

9 成本结构
C$(Cost Structure)

运营一个商业模式所引发的所有成本。简单而言，成本结构包括固定成本和可变成本两大类。

商业模式画布
——客户细分、
价值主张

商业模式画布
——渠道通路、
客户关系、收入
来源

三、商业模式画布应用案例
——解读时尚公司 ZARA 的商业模式画布

同业竞争者

- 大规模生产同质化产品。

- 营销费用占比达 3%，成本较高。

- 每年只设计 5000 款左右服装; 经调查，吸引消费者每年平均进店次数约 4 次; 需要五折以上降价销售的商品占比为 25%。

- 服装行业一般提前一或两个季度生产服装; 存货周转天数长达 228 天以上。

- 大多数服装企业沿用传统管理模式，信息管理系统不完备。

ZARA（时尚领导者）

- 把握服装个性化消费潮流，客户对象以 20—35 岁的年轻人为主。

- 400 多名设计师致力于在设计环节满足客户的时尚需求。拥有 2000 多家自营专卖店，店长信息反馈制度，能更好地与客户进行沟通，反馈客户需求，从而降低营销费用，营销费用占比仅为 0.3%。

- 为顾客提供多款式、少批量的服装。每年设计服装的款式达 40000 款，经过评估之后，上市的款式超过 12000 款; 吸引消费者每年平均进店超过 17 次; 需要五折以上降价销售的商品比例仅为 3.2%。

- 店长将消费者的需求反馈到总部后，平均 12 天左右，服装即可运送到店进行销售; 90% 的服装在当季生产; 存货周转天数仅 33 天左右。

- 强大的信息管理系统，对供应链进行全程控制。

ZARA

ZARA 商业模式画布解读

重要合作 KP	关键业务 KA	价值主张 VP	客户关系 CR	客户细分 CS
服装外包商	设计 生产 销售	让消费者成为时尚潮流的引领者	店长信息反馈 会员制度	20—35 岁 年轻人 青少年和儿童
	核心资源 KR 设计团队 灵敏供应链 强大管理信息系统		**渠道通路 CH** 自有渠道 合作伙伴渠道	

成本结构 C$	收入来源 R$
人力成本 服装生产成本	服装销售 饰品配件销售

| 课堂测试 |

1. 请画一张麦当劳的商业模式画布。

2. 请用自己最精练的话重新描述商业模式画布每个构造块的内容。

7.3 长尾式商业模式

一、长尾式商业模式概念

　　长尾式商业模式是指企业由向大量用户销售少数产品，到销售满足庞大类别客户的需求产品的转变，而每种产品都只产生小额销售量，简单而言就是多样少量的商业模式。该模式有两个核心点，第一点是多样、少量，非常多的品种，但每种的量非常少；第二点就是多样的产品满足不同的细分市场，而每一个细分市场的需求量都不高。

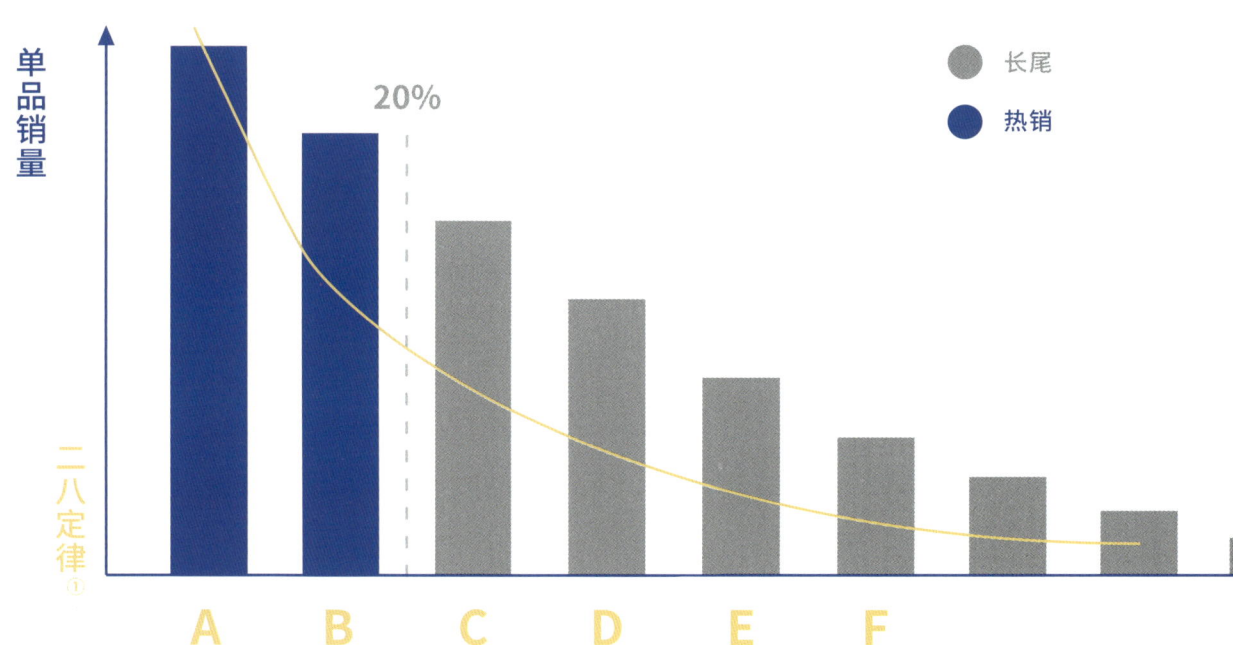

注释

①　二八定律是 19 世纪末 20 世纪初意大利经济学家帕累托发现的。他认为，在任何一组东西中，最重要的只占其中一小部分，约 20%，其余 80% 尽管是多数，却是次要的。

二、长尾式商业模式案例
——解读互联网搜索引擎公司的商业模式

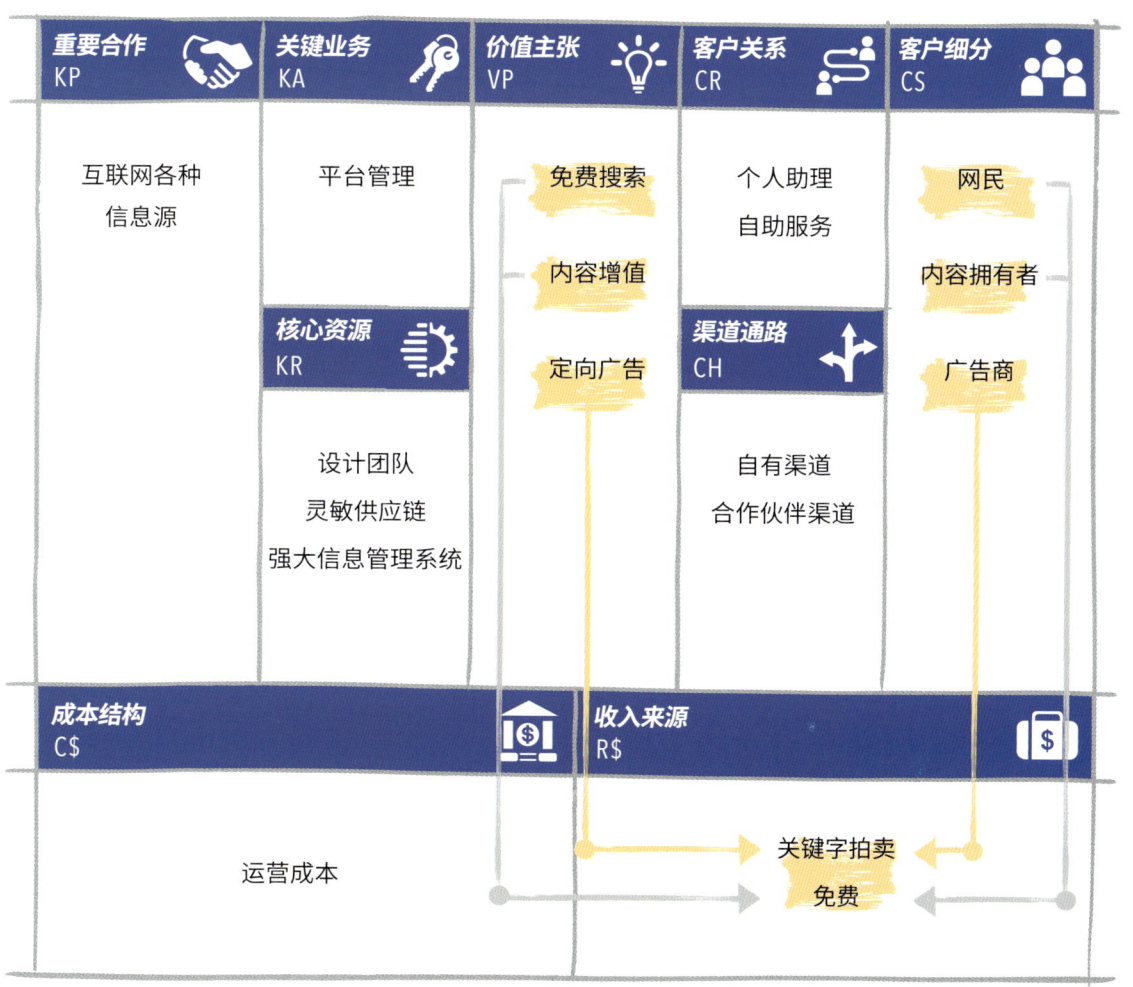

在传统广告行业，高额的广告费用只有部分客户才支付得起。然而，在新型的互联网行业，互联网搜索引擎公司不仅依靠重要的大型客户，也为一些中小型客户提供一个门槛非常低的广告平台，通过赚取多笔少量的收益，来获取更大的利益。这就是长尾式商业模式在互联网搜索引擎公司的应用。

三、长尾式商业模式画布式样

江南民居外观式样

我们知道这幅图呈现的是江南民居，因为它具有以下特点：前街后河、上木下砖和白墙黛瓦。反之，拥有这几个特点的民居，我们都可以把它归纳为江南风格的民居。

　　江南民居的这些特点，我们可以称之为江南民居的式样。式样这个概念，也可以延伸到商业模式中，就是商业模式式样。它的意思是**在描述商业模式时，类似商业模式的集合，它们的构造块均有共通点。**比如说，同一类型的商业模式中，不同公司的具体表现各不相同，但他们画布的同一构造块都会有一些共通之处，我们把这些相似的内容放在一个商业模式画布当中，就构成了同一类型商业模式的式样。对于商业模式式样的学习，能够帮助创业者更好地了解这一种类型的商业模式。

结合长尾式商业模式画布的式样，对这种商业模式有更深一层的理解：

重要合作 KP	关键业务 KA	价值主张 VP	客户关系 CR	客户细分 CS
	平台的开发和维护	**提供宽泛的产品**	基于互联网	**面向大量的有不同需求的群体**
	核心资源 KR		渠道通路 CH	
	高效的信息系统供应链平台化的管理		基于互联网	

成本结构 C$	收入来源 R$
平台开发和维护的成本	多种多样

校园案例一——
长尾式商业模式

在长尾式商业模式中，市场上有着大量不同需求的客户群体，企业可以专注于多个客户细分群体，为他们提供宽泛的产品或服务。

7.4 多边平台式商业模式

一、多边平台式商业模式概念

多边平台式商业模式是指将两个或者更多有明显区别但又相互依赖的客户群体集合在一起，通过促进客户群体之间的互动来创造价值的商业模式。只有相关客户群体同时存在的时候，这样的模式才具有价值。

二、多边平台式商业模式案例
——解读游戏机公司的商业模式

索尼游戏机 PS3 案例

在索尼PS3时代，工作室研发一款游戏平均需要6~12个月，而PS4重新为开发者打造了高效的游戏开发平台，一款游戏仅需1~2个月便可成型。同样是多边平台式商业模式，但由于索尼公司进行了适当的调整，使索尼PS4获得更大的成功。

亏本的硬件销售

铁杆
游戏玩家

游戏开发商

版权费

高性能
家庭游戏机

游戏机用户

索尼游戏机 PS4 案例

高性能
家庭游戏机

游戏机用户

亏本的硬件销售

铁杆
游戏玩家

游戏开发商

版权费

索尼游戏机 PS4 商业模式画布解读

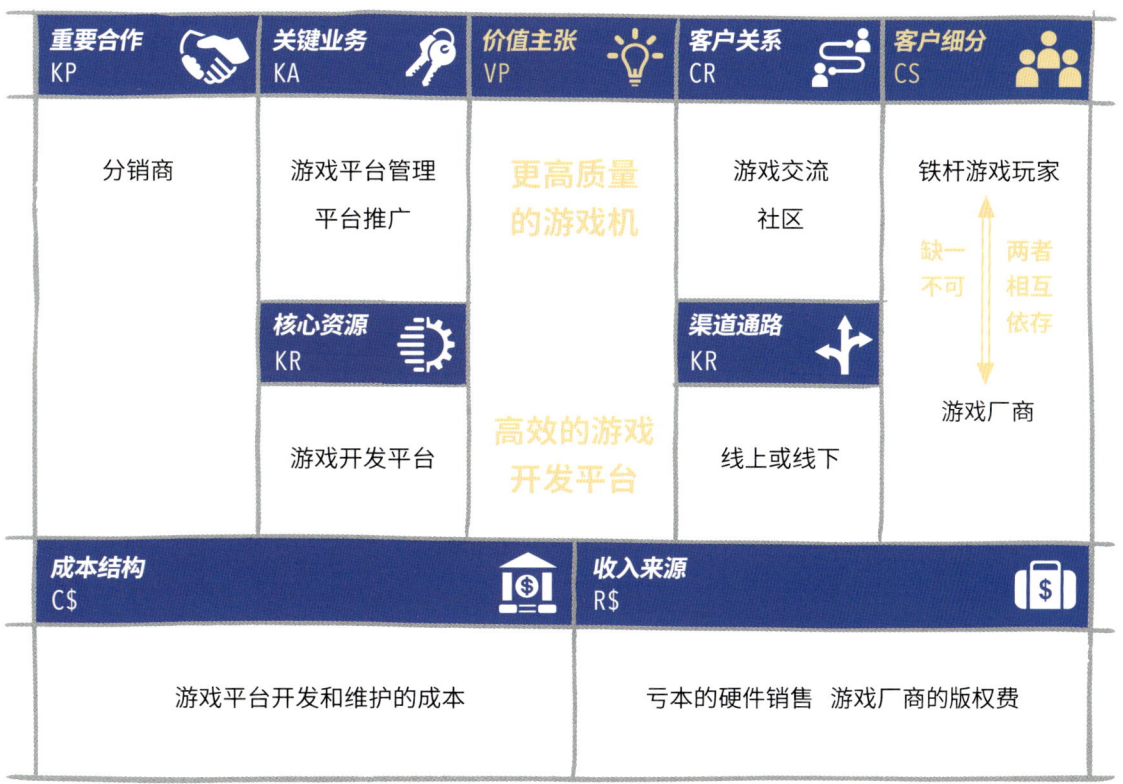

重要合作 KP	关键业务 KA	价值主张 VP	客户关系 CR	客户细分 CS
分销商	游戏平台管理 平台推广	更高质量 的游戏机	游戏交流 社区	铁杆游戏玩家
	核心资源 KR		渠道通路 KR	缺一 两者 不可 相互 依存
	游戏开发平台	高效的游戏 开发平台	线上或线下	游戏厂商

成本结构 C$	收入来源 R$
游戏平台开发和维护的成本	亏本的硬件销售 游戏厂商的版权费

三、多边平台式商业模式画布式样

索尼公司游戏机业务运用多边平台式商业模式来获取巨额的利润，结合多边平台式商业模式画布式样，以对这种商业模式进行更深一层的理解。

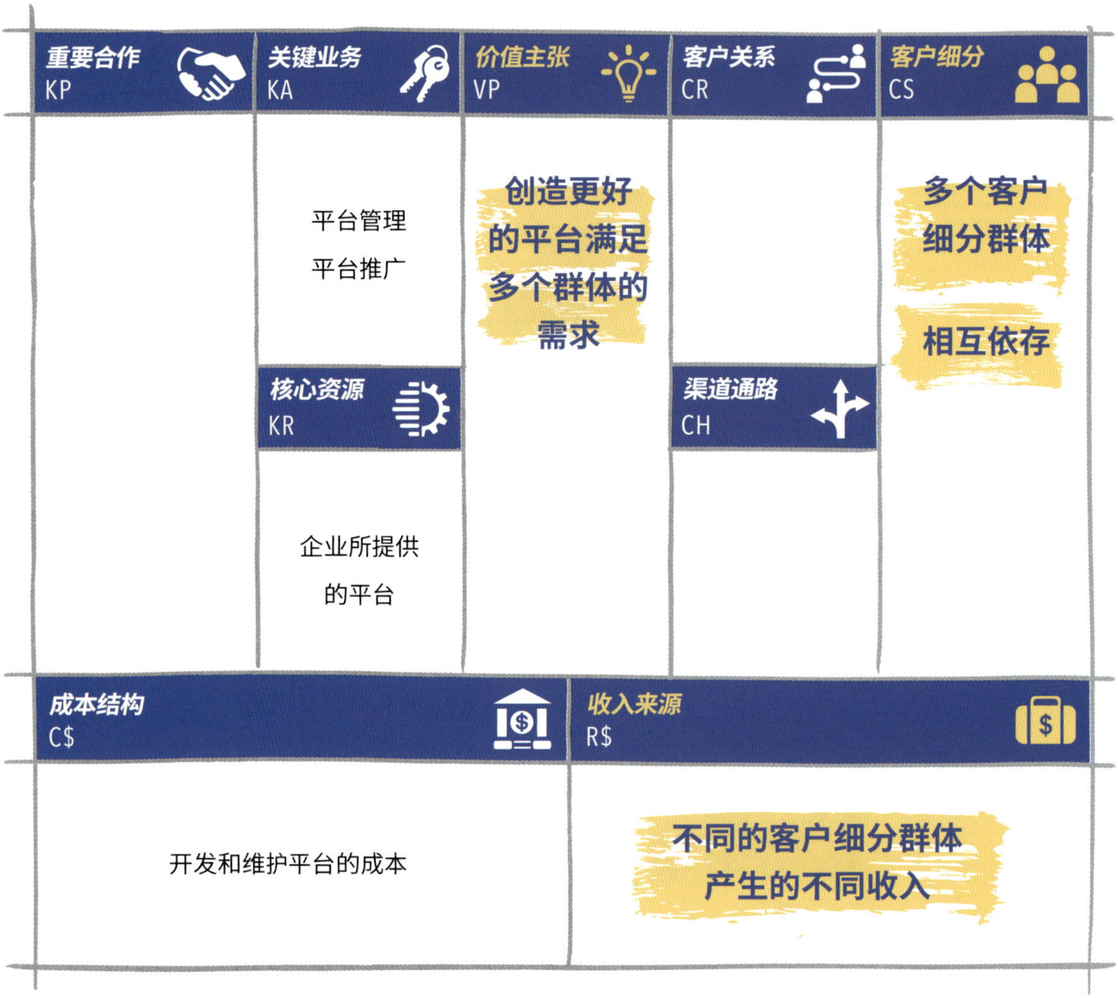

重要合作 KP	关键业务 KA	价值主张 VP	客户关系 CR	客户细分 CS
	平台管理 平台推广	**创造更好的平台满足多个群体的需求**		**多个客户细分群体** **相互依存**
	核心资源 KR		渠道通路 CH	
	企业所提供的平台			

成本结构 C$	收入来源 R$
开发和维护平台的成本	**不同的客户细分群体产生的不同收入**

通过多边平台式商业模式的式样不难看出，**多边平台式商业模式的重点是它的价值主张和客户细分**，只有当一个平台能使多方群体受益时，才能使相关客户群体的关系更加紧密，也才能让企业获得更多利润。

校园案例二——
多边平台式商业
模式

免费式商业模式

7.5

免费式商业模式包括三种形式：免费增收、免费平台、诱导。

一、免费增收

免费增收就是大量的基础用户受益于没有任何附加条件的免费产品或服务，而企业通过另外的增值服务来获得收益的商业模式。

腾讯 QQ 的商业模式解读

在QQ刚开始运营的时候，大部分的利润是通过优质的账户付费来获取的，但这种收入来源是有限的，无法帮助企业持续创造价值。

渐渐地，腾讯公司看到了自己发展的瓶颈。通过平台的发展、网络的普及和借鉴其他国家的做法，腾讯陆续为QQ推出了多种个性化虚拟产品，例如"帽子""衣服"等装扮，这些产品当中大部分是付费产品。由于软件本身是免费使用的，吸引了数量庞大的用户群体，部分群体由于个性化的需求，购买了付费产品。而且对于付费产品本身而言，边际成本[①]几乎为零。不难发现，腾讯公司所用商业模式的关键是将大量的免费用户转变成部分付费用户。这就是免费增收商业模式。

TENCENT 腾讯

注释

① 边际成本是厂商每增加一单位产量所增加的成本。

腾讯 QQ 的商业模式（举例）

重要合作 KP	关键业务 KA	价值主张 VP	客户关系 CR
电信运营商	软件开发	免费平台 **个性化虚拟产品 庞大的客流量**	社区自助服务
	核心资源 KR		**渠道通路 CH**
	研发团队		官方网站 客户端

成本结构 C$	收入来源 R$
研发费用　行政支出	**增值服务** 优质账

Tencent 腾讯

校园案例三——
免费式商业模式

在这个画布当中，有三个关键构造块：客户细分、价值主张、**核心资源**。这个商业模式必须有大量的用户群体，而且能为用户提供免费的服务，这是吸引用户的关键。

免费增收商业模式关键点解读

如今腾讯的商业模式已经影响了许多国内互联网公司的商业模式：不仅仅是做一个产品或一个项目，更重要的是经营用户，有了大量用户就有更多的人购买公司的增值产品。

免费增收商业模式关键点解读

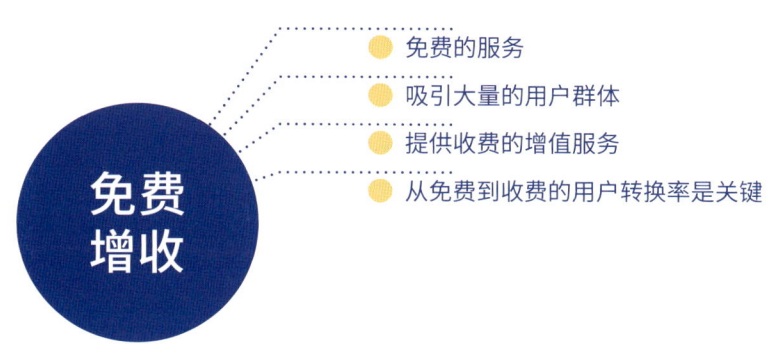

- 免费的服务
- 吸引大量的用户群体
- 提供收费的增值服务
- 从免费到收费的用户转换率是关键

免费增收

二、免费平台商业模式

免费平台通过免费手段销售产品或服务，建立庞大的消费群体，然后再通过配套的增值服务、广告费等方式取得收益。这里要解读三个关键词：一是免费，体现为提供产品或服务是免费的；二是收益，从配套的增值服务或广告费等方式获得；三是平台，免费平台首先是多边平台商业模式。

四川航空公司商业模式解读

机场　　　　　FREE　　　　　市区

市场价格 ¥14.8 万元
买入 150 辆 7 座商旅车
价格为 9 万元

买入　　卖出

四川航空
SICHUAN AIRLINES

¥17.8 万元

特许经营权
稳定客源
车辆所有权

(17.8−9)×150
=1320（万元）

● 更大的客流量
● 广告收入

四川航空公司商业模式画布解读

重要合作 KP	关键业务 KA	价值主张 VP	客户关系 CR	客户细分 CS
汽车厂商	售卖机票	为乘客提供免费的巴士服务	个人助理	川航乘客
	核心资源 KR	庞大的中高端群体	**渠道通路 KR**	广告商
	稳定的客源 特许经营权		线下服务 线上销售	

成本结构 C$	收入来源 R$
人力成本　市场推广成本　交通成本	车辆差价　广告费　更大的客流量带来的回报

　　免费平台商业模式中的重点是价值主张、客户细分和收入来源之间的联系。企业为广大的免费客户提供免费的产品或服务，有了大量的客户之后，企业就为广告商提供巨大的流量平台，也能向广告商收取广告费，从而产生收入来源。

四川航空的这种免费平台商业模式, 使得企业本身、汽车公司、司机、乘客、广告商五方受益。

免费平台商业模式关键点解读

免费产品或服务
产生巨大的客流量
广告商买单

免费平台

三、诱导式商业模式

诱导指的是通过低价的、有吸引力的甚至是免费的初始产品或服务, 来促进相关产品或服务未来的重复购买的商业模式。诱导式商业模式有以下特点: 低价或免费的初始产品或服务、需要重复购买后续产品或服务、用户转换成本高。

惠普打印机低价背后的原因

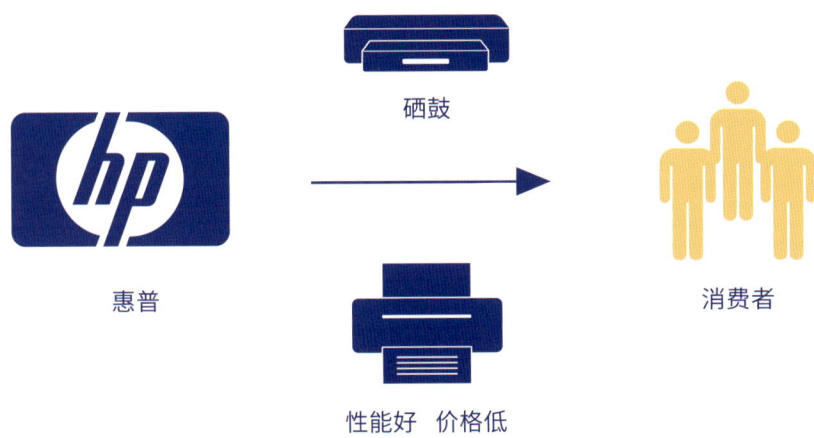

硒鼓

惠普

性能好　价格低

消费者

重要合作
KP

成本结构
C$

研发费

诱导式商业模式的式样

关键业务
KA

提供后续产品
或服务

核心资源

强大的品牌
影响力

价值主张
VP

通过低价或
免费的商品并
与后续商品紧
密联系

客户关系
CR

初始产品和后续
产品间的"锁定"
关系特征

渠道通路
CH

线上或线下

客户细分
CS

收入来源
R$

政支出

后续重复的高利润商品

四、免费式商业模式中的三种商业模式对比

在过去传统的商业模式中，企业花费较高成本的价值主张，仅提供给付费客户，对于广大消费者，一般不接受直接收费的商业模式，让商品难以售出。三种免费式商业模式分别用不同方法解决了传统商业模式的问题，为方便比较，用表格形式列出：

三种免费式商业模式对比表

	免费增收	免费平台	诱导
解决方法	提供免费的商品，通过增值业务盈利	提供免费大众化平台，通过平台获得客户流量和广告费	提供价格低廉或免费的商品，通过相关产品盈利

知识拓展
免费经济理论

美国《连线》杂志前任主编克里斯·安德森（Chris Anderson）是免费经济理论的提出者，著有《免费：商业的未来》《长尾理论》等作品。2009年，其著作《免费：商业的未来》阐述了免费经济理论的观点：数字产品迟早会变为免费商品。

克里斯·安德森认为：我们无法阻止免费，我们也会接受免费；而免费会使另一种商品更贵，那么商机就是在更高层次。免费的本质是交叉补贴，可以用付费产品补贴免费产品，或用日后付费补贴当前的免费，或由付费人群给免费人群提供补贴。支撑"免费理论"的是一个经典的案例——吉列剃须刀，吉列公司免费向消费者提供刀架，而他的刀片却需要日后重复消费，且产品具有排他性。被颠覆、被改写、被创造，是互联网时代的标签。任何事物经数字化或互联网化后，将会具备免费的可能。

"免费经济"是互联网时代商业的未来。"免费经济"的先行者有 Google、Facebook、腾讯、百度等。对企业来说，"免费经济"是一种生存法则，可以颠覆旧有的发展模式并创造全新的商业模式。

开放式商业模式

一、开放式商业模式概念

开放式商业模式通过与外部伙伴系统性合作，来创造和捕捉价值。既可以由外到内，将外部的创意引入企业内部，也可以由内到外，将企业内部闲置的创意和专利提供给外部伙伴。这种模式的优势可以让创业者取长补短，不必从头开始研究，可使用其他组织的创新并从中获益。

二、开放式商业模式（从外到内）案例
——小米手机依托铁杆粉丝的商业模式

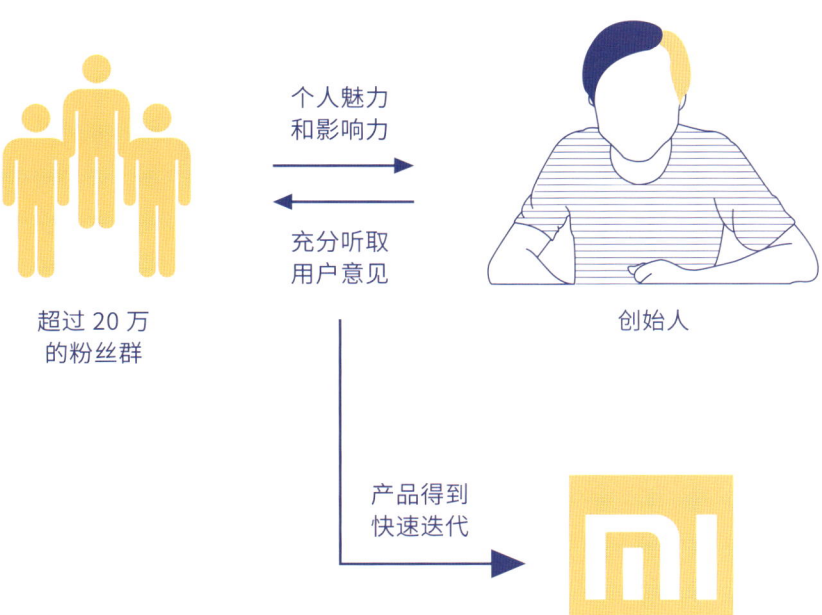

超过 20 万
的粉丝群

个人魅力
和影响力

充分听取
用户意见

创始人

产品得到
快速迭代

小米

开放式商业模式（从外到内）：将外部创意引入企业内部，为企业创造价值的商业模式。

三、开放式商业模式（从外到内）式样

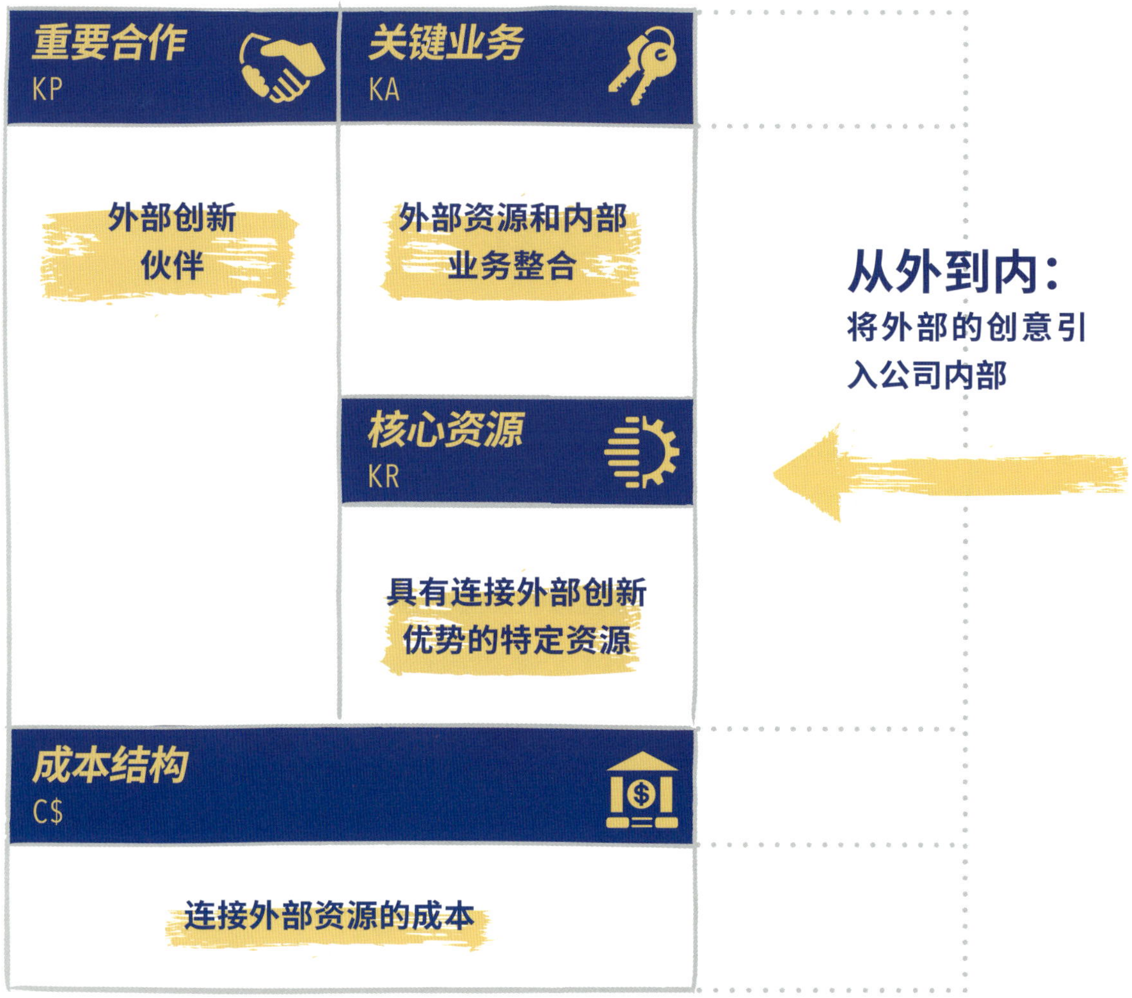

重要合作 KP	关键业务 KA
外部创新伙伴	外部资源和内部业务整合

核心资源 KR

具有连接外部创新优势的特定资源

成本结构 C$

连接外部资源的成本

从外到内：
将外部的创意引入公司内部

在这个式样当中，核心资源是具有选择外部创新优势的特定资源，关键业务便是让对内部有用的外部资源和内部的业务整合在一起，外部资源的来源就是式样当中的重要合作，整个过程的成本就是连接外部资源的成本。

校园案例四——
开放式商业模式

四、开放式商业模式（从内到外）案例
——诺基亚手机的商业模式

2013 年手机停产

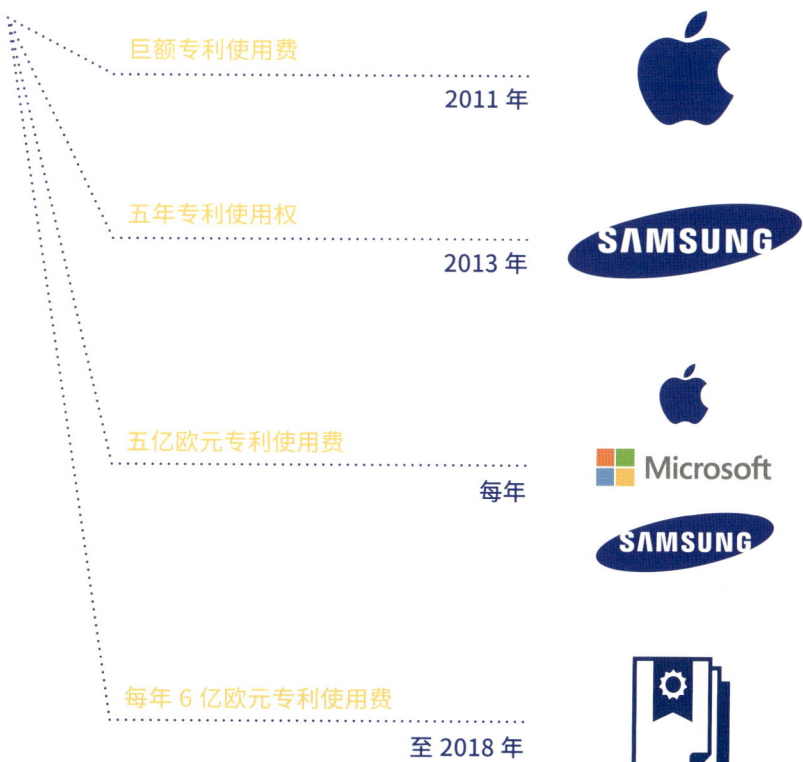

巨额专利使用费
2011 年

五年专利使用权
2013 年

五亿欧元专利使用费
每年

每年 6 亿欧元专利使用费
至 2018 年

　　过去，诺基亚手机可谓是家喻户晓。虽然诺基亚在 2013 年停产了，但在业界有这样一句话："生产手机的诺基亚是可怕的，但是不生产手机的诺基亚更可怕。"这是因为，停产手机之后，诺基亚手中仍握有大量核心专利，诺基亚没有将这些专利闲置，而是形成专利池，为公司带来源源不断的收益。有研究者估计，诺基亚每年至少可以从苹果、三星、微软等公司中获得 5 亿欧元专利收入，预计到 2018 年，诺基亚每年获取的专利费将上升至 6 亿欧元。

开放式商业模式（从内到外）：将企业内部闲置的创意和专利提供给外部伙伴，为企业创造价值的商业模式。

五、开放式商业模式（从内到外）式样

重要合作 🤝 KP	关键业务 🔑 KA	价值主张 💡 VP	客户关系 CR
	核心资源 ⚙️ KR	对外部有价值 的研发成果	**渠道通路** CH
	闲置的 无形资产		互联网平 线下交易

成本结构 🏦 C$		收入来源 R$
		通过闲置资源获

从内到外：
将企业内部闲置的
创意或专利等，提
供给外部伙伴。

销售创意

　　在从内到外的开放式商业模式式样中，客户细分群体是需要创新的企业，而这种需要创新的客户，需要企业内部的研发成果，供给研发成果的过程就是企业的价值主张，企业则是通过互联网和线下交易组成渠道通路，这种商业模式的收入来源是，能够通过闲置的资源获得额外的收入，核心资源便是闲置的无形资产，最直观的就是企业内部的专利。

商业模式优化策略
——创意构思

一、创意构思的概念

　　设计新的商业模式需要产生大量商业模式创意，并从中筛选出最好的创意，这个收集和筛选的过程被称作创意构思。创意构思有五种不同的方法，分别是资源驱动、产品/服务驱动、客户驱动、财务驱动以及多中心驱动。

思路——创意从哪里来

二、创意构思——资源驱动

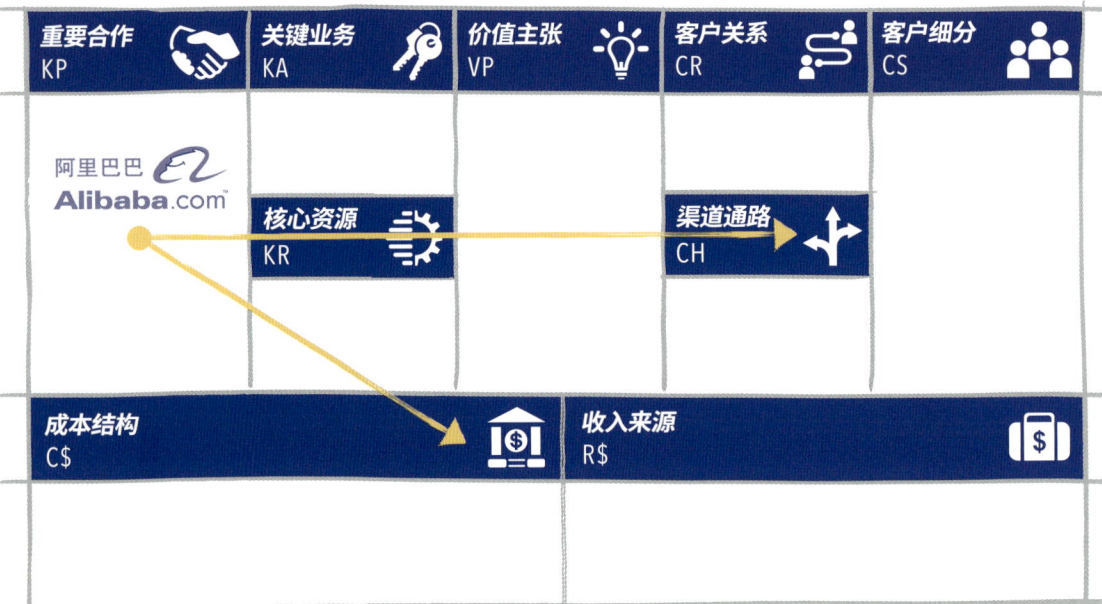

资源驱动：基于一个组织现有的基础设施或合作关系的拓展，去改变现有的商业模式。

对于创业者而言，要懂得分析和思考如今团队有怎样的核心资源、有怎样的关键业务、和谁有重要的合作。例如阿里巴巴为了更好地实现为客户提供自动化的服务，他们建立了一个全球领先的云计算平台——阿里云。实施以后，把这个平台的多余资源出售给市场上有需求的客户，从而改善自身商业模式，扩大收入来源。

三、创意构思——产品／服务驱动

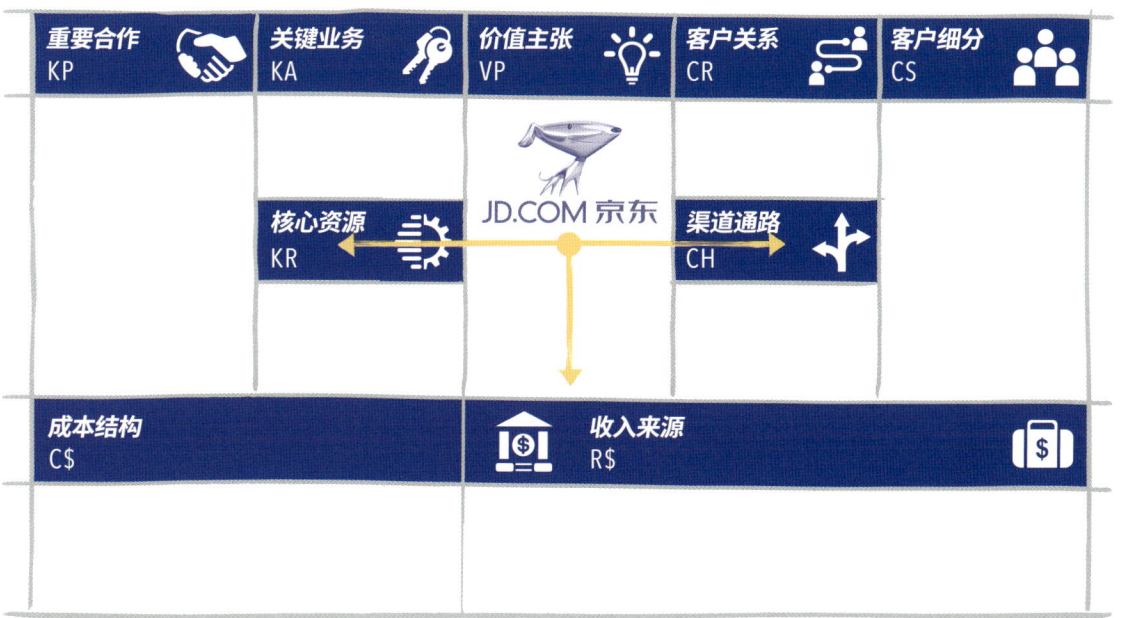

京东刚开始上线时吸引人眼球的地方一个是正品，另一个是低价。之后京东发现消费者在网购的时候，希望自己在网上订购的商品能够更快更好地送达手中，于是京东选择打造自己的物流体系，实现了服务创新。

产品／服务驱动：通过建立新的价值主张来影响商业模式的其他构造块，从而形成更有竞争力的商业模式。

四、创意构思——客户驱动

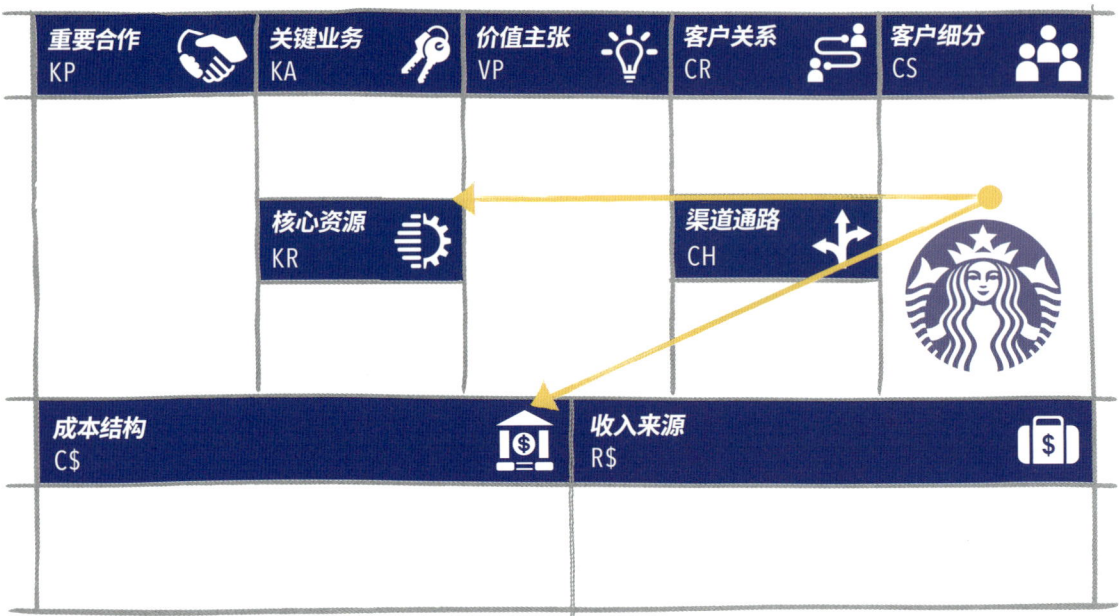

　　早在 2008 年，星巴克在官方网站上开辟了一个客户交流的社区。当时在业界来看，这是一个非常大胆的行为，但也正是因为这一点，星巴克能够紧紧地抓住客户的需求改变自己，形成现在更受欢迎的星巴克。

客户驱动：基于客户的需求，降低客户获取产品或服务的成本，或提高其便利性。

五、创意构思——财务驱动

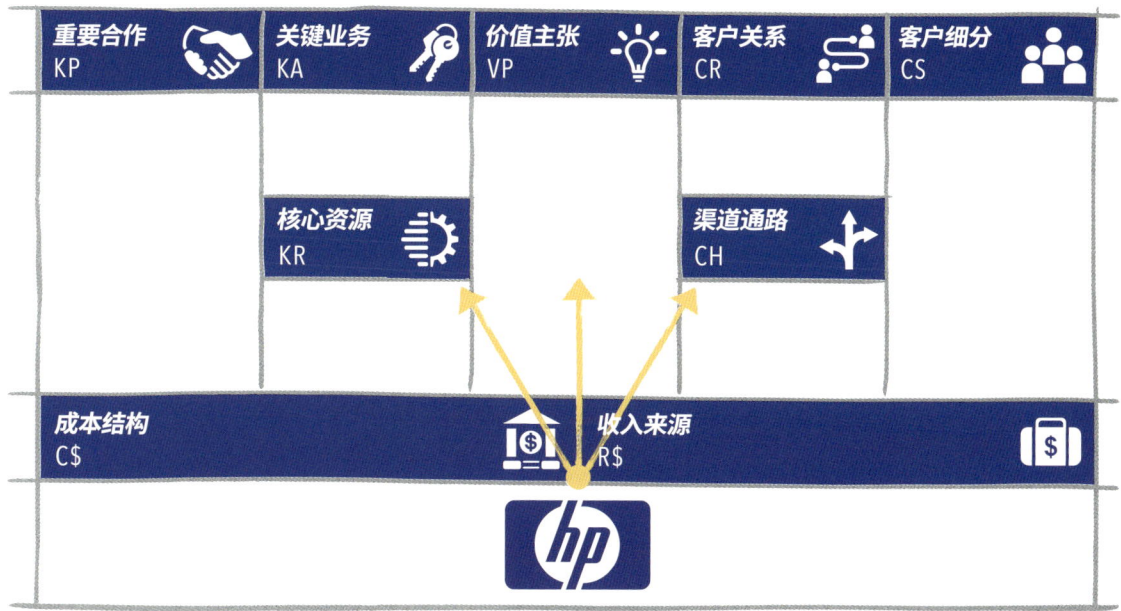

　　虽然惠普打印机的产品质量享誉世界，但其真实售价却比同性能的打印机要低，其中就运用到了财务驱动因素。

财务驱动：由收入来源、定价机制或成本结构来驱动商业模式的改变。

六、创意构思——多中心驱动

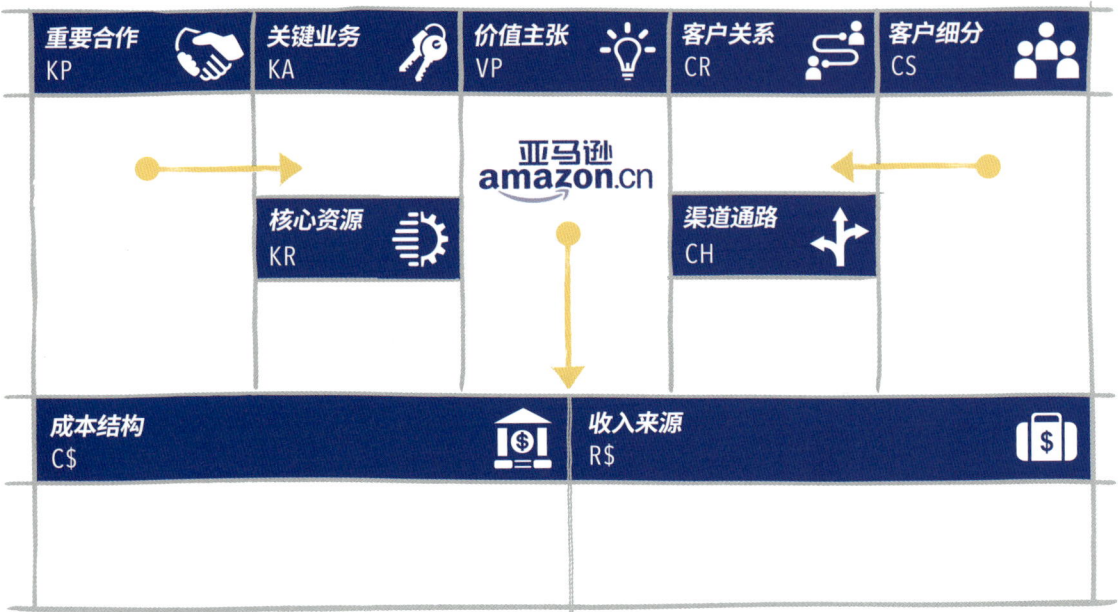

　　亚马逊一开始是销售图书，业务多元化之后，价值主张改变了，使得客户细分群体也改变了。除此之外，它还提供了像阿里云一样的服务——AWS（亚马逊的云服务）。这就是典型的多中心驱动的方式。

多中心驱动：由多个集中点驱动并且会显著影响商业模式的其他构造块。

知识拓展
企业价值链

价值链是哈佛大学商学院教授、著名的战略管理大师迈克尔·波特（Michael E.Porter）于1985年提出的概念，波特教授认为，**每一个企业都是在设计、生产、销售、发送和辅助其产品的过程中进行种种活动的集合体。所有这些活动都可以用一个价值链来表明。**简而言之，价值链是一个企业通过一系列活动，创造价值的动态过程。

价值链由两大类活动组成。

第一类活动，包括材料供应、生产作业、成品储运、市场营销和售后服务等。**这些活动都与商品实体的加工流转直接相关，我们称之为基本活动。**

第二类活动，包括企业基础设施建设、人力资源管理、技术开发和采购管理。**这些活动伴随着基本活动的产生而产生，我们称之为支持活动。**

波特的"价值链"理论揭示，企业与企业的竞争，不只是某个环节的竞争，而是整个价值链的竞争，整个价值链的综合竞争力决定了企业的竞争力。通过对价值链的分析，可以获得一家企业全面的内部活动信息。从商业模式优化角度来看，可以了解企业每个环节的价值并和竞争对手进行比较，从而优化商业模式，使企业创造更多价值。对于广大学习者而言，应用价值链模型对企业进行全面分析，能够更好地了解一个企业的商业模式。

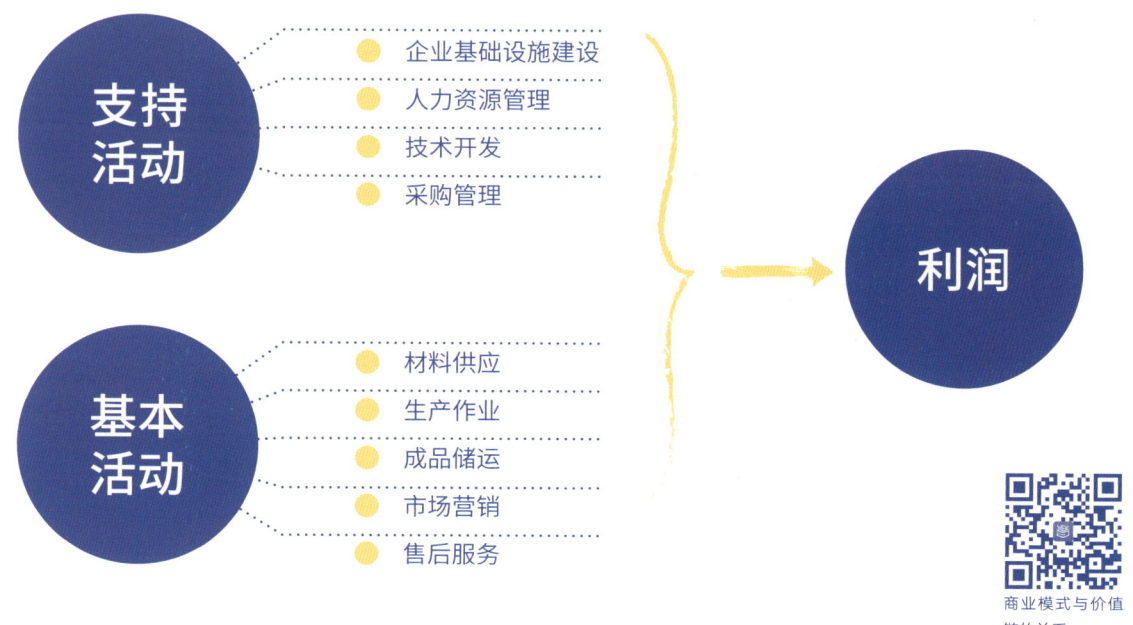

企业基础设施建设
人力资源管理
技术开发
采购管理
支持活动

材料供应
生产作业
成品储运
市场营销
售后服务
基本活动

利润

商业模式与价值链的关系

知识拓展
如何解决商业模式实施过程中产生的问题?

前面我们已经罗列出商业模式创新的关键点，当然，还有很多关于实施的内容值得一提，因为这些内容关乎商业模式能否成功。

接下来，我们一起讨论如何解决商业模式实施过程中产生的问题。为了阐述的需要，**我们通过在商业画布中融入 Jay Galbraith 的星型模型（star model），指出一些创业者在实施商业模式的过程中可能会考虑的组织设计问题**。Galbraith 指出了公司要平衡好的五大区域：**战略、结构、流程、激励和人员**。我们把商业模式置于星型模型的中心作为平衡五大区域的"重心"。

战略：如果想在新的细分市场取得份额增长，就要反映到你的商业模式中，并具体到新的客户细分群体、渠道通路或关键业务。

结构：最佳组织结构是由商业模式决定的。你的商业模式需要一个集权还是分权的组织结构呢？

流程：每个商业模式都要求不同的流程。

激励：不同的商业模式需要不同的奖惩制度。合理的激励机制能激发员工的工作动力。

人员：特定的商业模式需要有特定思维方式的人员。

技能／思维方式
你的商业模式需要什么类型的员工？
他们应该有什么技能？他们需要有什么样的思维方式？

KP

C$

动机
你的商业模式需要什么样的奖惩制度？
你如何激励员工？

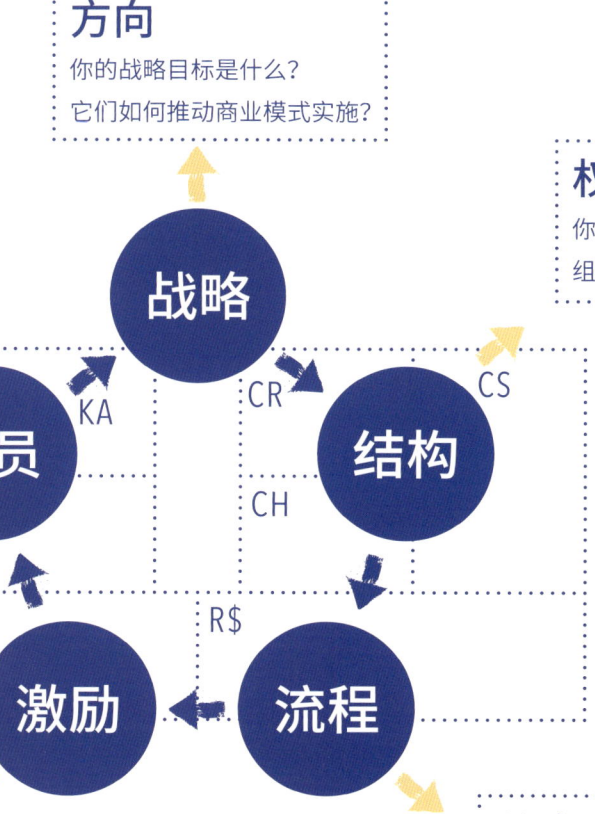

方向
你的战略目标是什么？
它们如何推动商业模式实施？

权力
你的商业模式需要什么类型的
组织结构？

信息
你的商业模式需要什么样的
信息流、生产步骤和工作流程？

知识拓展
慕课分享

如果您想更深入地了解商业计划书撰写的相关内容，可以在中国大学 MOOC 平台搜索广东技术师范学院黄明睿副教授的课程"创业之路——带你玩转商业模式"。

案例分享
首家共享单车倒闭

2017 年 6 月 13 日，刚刚投放不到半年的悟空单车宣布退出共享单车市场。同样是共享单车，摩拜单车却在 2017 年 6 月 16 日完成 6 亿美元融资，ofo 也在 2017 年 7 月 6 日获得超过 7 亿美元融资。

对于初创企业来说，钱是最大的问题。悟空单车所属的重庆战国科技有限公司成立于 2016 年 9 月 30 日，注册资本为 10 万元，大股东雷厚义持股 95%，另一个股东刘科持股 5%。拿着来自投资商的 50 万元和自己此前挣下的"老本"，雷厚义说干就干。2016 年 12 月 9 日，悟空单车项目启动。20 多天后，APP 上线了。

2017 年 1 月 6 日，200 辆黄色单车被运到两江星界大厦的楼下，雷厚义亲自在这些"宝贝"旁边坐了一夜。

1 月 7 日，悟空单车于重庆首发。雷厚义带队，将单车运往地势相对平坦、人群相对集中的大学城。产品负责人任我行在后方监测数据，"第一天就有一百单，真的很不错"。他认为，照这样下去，重庆很快就能被拿下。雷厚义想要"农村包围城市"似乎开了好头。谁能想到，仅仅 3 天后，梦不得不醒来。

1 月 10 日，ofo 大举进入重庆。一夜之间，重庆大学城布满了小黄车，而且全免费。共享单车激战来临。悟空单车跟 ofo 一样是黄色，无奈被淹没在其中，于是他们决定把车换成红色。

之后的两个月里，兼顾供应链和运维的阿飞只做了两件事。

第一件事，是带着运维人员四处找车，出于成本考虑，第一批车没安智能锁。早上 6 点出门，晚上 11 点回家。最远的一次，他从 80 多公里外的偏远地区找到了自家的车；时间紧张导致车辆质量较低，损坏率也尤其高。

第二件事，他跑遍了全国超过 20 家的自行车生产厂，为第二批红色的车寻求供应商，并要确保在 3 月 22 日新车发布会前拿到成品。

阿飞找到凤凰、飞鸽等大厂，对方嫌订单太小。跑到小厂家那里，人家担心他们资金链会断，还是三番五次地被拒绝。

更严重的是，ofo 这种大企业已经把很多厂的全部产能包了，不给小团队留生存的空间。

雷厚义因为钱都快被气疯了。他们当时简单地把问题归结为缺钱，在严酷的商业竞争中，这显然不是唯一原因。在这场资本游戏中，集中了绝大多数资源的摩拜和 ofo 决定着市场的游戏规则。悟空单车这类弱小团队，等待他们的，只能是被淘汰。

3 月 22 日，悟空单车的新车发布会召开。与会的近 80 人中，最终没有一个人决定投资。最终，项目聚集的 50 万元资本全部来自 APP 上的合伙人入口，有上百人通过入口贡献了"信任"，金额从几百元到几万不等。

发布会后，雷厚义决定放弃项目。停运第二天，客服开始将钱原数退还用户和投资合伙人，让客服印象最深的是一个合伙人不愿接受退款，希望他们继续做下去。

6月初，近500辆被艰难找回的单车安安静静地排在两江星界大厦的楼下，占了一整条街。他们做了一个决定，要将这些车免费送给愿意要的人，条件只有一个：不能拿去卖。

悟空单车的生命很短，浓缩了所有共享单车市场跟随者相似的困惑、阻碍和迷茫。它的遭遇，在某种意义上也是其他小玩家的警示。

资料来源：南方周末。

课堂测试

1.分别画出悟空单车和 ofo 单车的商业模式画布。

2.通过归纳两者商业模式的异同，分析悟空单车的失败原因与 ofo 单车的成功因素。

知识拓展
个人商业模式画布

商业模式画布，不仅能描述企业的商业模式，还能应用在个人身上。这就是个人商业模式画布。任何人都可以通过画布制作出属于自己的发展模式，并栩栩如生地将职业发展呈现在一页纸上。与企业商业模式画布相似，个人商业模式画布也有九个构造块，但是九个构造块的内涵却大不相同。

要素 1. 核心资源：我是谁？我拥有什么技能？这包括你的性格、兴趣、价值观，还有你拥有的技能和知识，等等。

要素 2. 关键业务：我要做什么？假如你想做教师，那就在此写上教师这个职业的主要工作内容；如果你目前没有职业目标，那就写当前的工作内容。

要素 3. 客户群体：我能帮助谁？也就是你的服务对象，比如客户，当然，还包括你所在企业的上司，等等。

要素 4. 价值服务：我怎样帮助他人？你可以问自己这样两个问题："一是客户需要我做什么工作？二是完成这些工作会给客户带来什么价值？"这个要素，是思考个人商业模式画布时，最重要的概念。

要素 5. 渠道通路：怎样宣传自己并交付服务？这包括描述如何宣传自己的价值服务、卖出服务以及递交服务的过程。

要素 6. 客户关系：怎样和客户打交道？除了要把工作做好，你如何跟客户打交道、处理好跟客户的关系，也十分重要。比如通过线上或线下的活动，去和客户保持联系，等等。

要素 7. 重要合作：谁可以帮我？你不是一个人在战斗，还需要导师、同事、朋友，等等。

要素 8. 收入来源：我能得到什么？这里的收入是广义的概念，包括薪酬、福利、股权、工作环境、发展机会、工作成就感，等等。

要素 9. 成本结构：我需要付出什么？这里的付出包括时间、精力、金钱，甚至你的健康。

重要合作
KP

谁可以帮我？

成本结构
C$

我需要付出什么？

个人商业模式画布式样

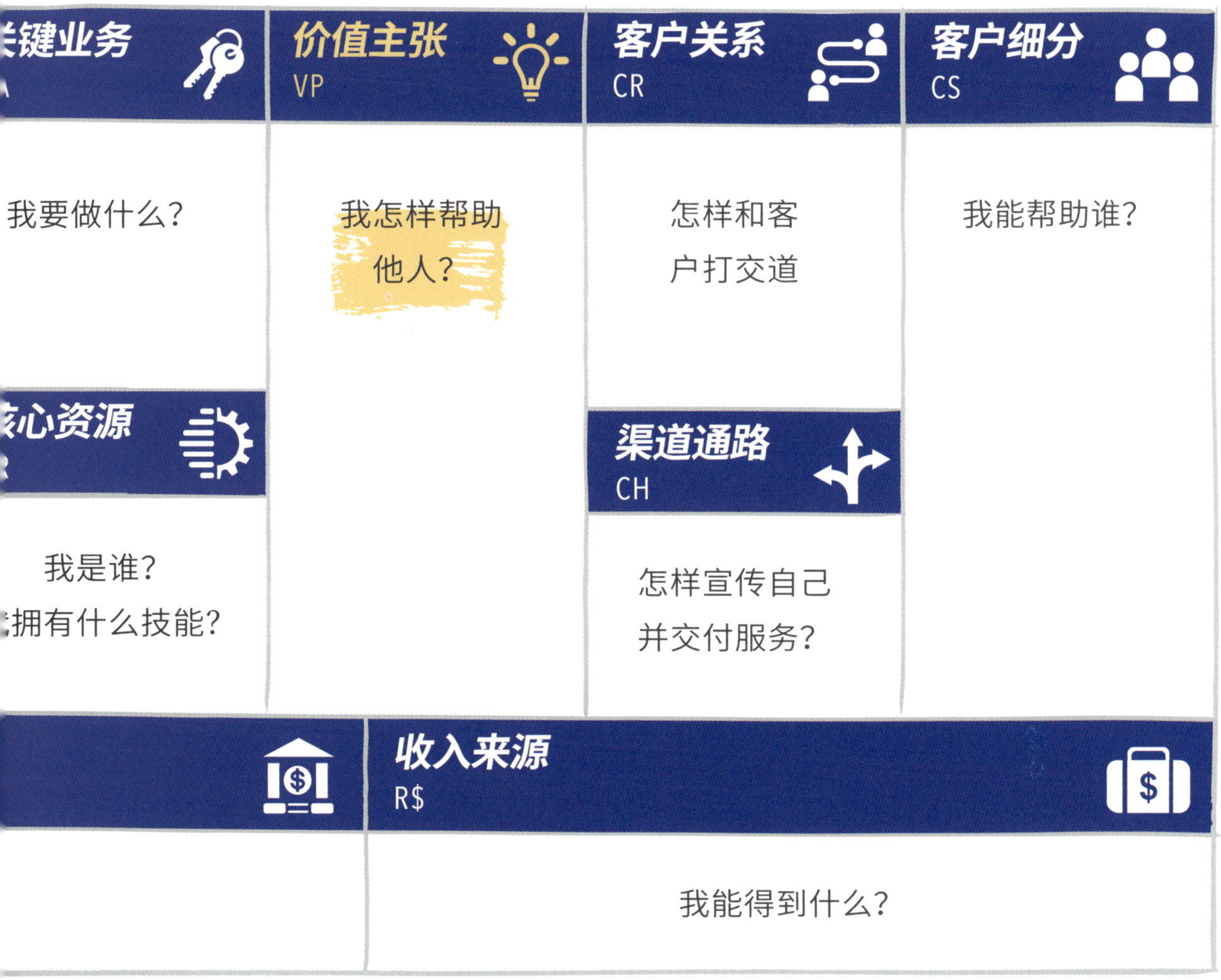

关键业务 🔑	价值主张 💡 VP	客户关系 CR	客户细分 CS
我要做什么？	我怎样帮助他人？	怎样和客户打交道	我能帮助谁？

核心资源 ⚙		渠道通路 CH	
我是谁？ 拥有什么技能？		怎样宣传自己并交付服务？	

收入来源 R$
我能得到什么？

【反思】

　　完成个人商业模式画布后，仔细对比各个要素之间是否存在冲突，进而形成自己的职业诊断、职业选择和职业规划。

个人商业模式
画布

|参考文献|

[1] [瑞士]亚历山大·奥斯特瓦德，[比利时]伊夫·皮尼厄.商业模式新生代[M].王帅，毛心宇，严威，译.北京：机械工业出版社，2011.

[2] 周三多.管理学[M].4版.北京：高等教育出版社，2000.

[3] 郭天超，陈君.商业模式与战略的关系研究[J].华东经济管理，2012.

[4] 马立军.论商业模式与企业战略的关系[J].市场周刊·理论研究，2010.

[5] 韩炜.基于商业模式创建的新企业成长过程研究[J].软科学，2010 .

[6] 周祺林.向模式要利润：商业模式颠覆、创新与重构[M].北京：人民邮电出版社，2014.

[7] 林木木.共享单车清场开始？ [Z].财经杂志，2017 .

[8] 王占仁."广谱式"创新创业教育概论[M].北京：人民出版社，2016 .

[9] 黄海荣.大学生创新创业教育指导[M].上海：上海交通大学出版社，2016.

[10] [美]蒂姆·克拉克，[瑞士]亚历山大·奥斯特瓦德，[比利时]伊夫·皮尼厄.商业 模式新生代(个人篇)[M].毕崇毅，译.北京：机械工业出版社华章公司，2012.

[11] [瑞士]亚历山大·奥斯特瓦德，[比利时]伊夫·皮尼厄，[瑞士]格雷瑞·贝尔纳达，[加拿大]艾伦·史密斯.价值主张设计[M].余锋，曾建新，李芳芳，译.北京：机械工业出版社，2016.

[12] 蔡剑，吴戈，王陈慧子.创业基础与创新实践[M].北京：北京大学出版社，2015.

[13] 李文胜，成波锦.创业基础[M].西安：西安交通大学出版社，2015.

[14] [美]安德鲁·哈格丹.持续创新[M].龙少波，等，译.北京：人民邮电出版社，2016.

[15] 李家华.创业基础[M].2版.北京：清华大学出版社，2016.

[16] 王艳茹，王兵.创业基础课堂操作示范[M].北京：北京师范大学出版社，2014.

[17] César Levy França, Göran Broman, Karl-Henrik Robèrt, George Basile, Louise Trygg. An approach to business model innovation and design for strategic sustainable development[J]. Journal of Cleaner Production. 2016 (1): 155-156.

[18] Alexandre Joyce; Raymond L. Paquin.The triple layered business model canvas: A tool to design more sustainable business models[J]. Journal of Cleaner Production. 2016 (11): 1474-1486.

[19] Nils M. Høgevold,Goran Svensson,Carmen Padin.A sustainable business model in services: an assessment and validation[J]. International Journal of Quality and Service Sciences. 2015, 7(1): 17-33.

[20] Nancy M.P. Bocken, Alison Fil, Jaideep Prabhu.Scaling up social businesses in developing markets[J]. Journal of Cleaner Production, 2016, 139: 295-308.

价值值现

呈现与

汇报技

Value
Demonstration
and
Presentation Skill
—

一份优秀的商业计划书能全面地呈现企业和项目的价值所在，可以成为创业者的行动纲领，也是筹措资金的"敲门砖"。因此，学会撰写商业计划书已成为越来越多的创业者的"必修课"。古希腊哲学家德谟克利特曾说："要使人信服，一句言语常常比黄金更有效。"如何汇报才能在短时间内清晰地呈现商业计划书的内容，得到投资人的青睐呢？本章主要介绍商业计划书的编撰与汇报技巧。

小创："互联网 +"大学生创新创业大赛就要到了，听说你也参加是吗？

小业：对啊，商业计划书快要完成了，但不知道为什么总是觉得它没有太大用处！

②

①

小创：你这样想可就不对了。计划的过程是必不可少的，写好一份商业计划书，不仅是对投资人的尊重，更是对自我创业初衷的肯定。

小业：嗯，你说得有道理。可是我们怎样才能用商业计划书来吸引投资人呢？

③

小创：首先，你要把商业计划书当作写给投资人的一封"情书"，然后把自己的诚意和商业构思不卑不亢地讲述给投资人听，让投资人对你的项目产生兴趣。

小业：噢，我明白了。商业计划书是创业之路的敲门砖，必须用心打造！

④

⑤

思考

　　除了吸引投资人以外，你认为商业计划书还有什么用处呢？

8.1 商业计划书的定义

商业计划书是企业或项目为达到招商融资目的和其他发展目标，在经过前期对项目科学地调研、分析、搜索与整理有关资料的基础上，根据一定的格式和内容的具体要求而整理的一个向读者全面展示企业和项目目前状况、未来发展潜力的书面材料。简而言之，商业计划书是创业者创建企业的路线图。

根据不同类型的创业方案，商业计划书也有不同的写作重点，参考第三届中国"互联网+"大学生创新创业大赛全国总决赛评审规则中的评审要点，可以对商业计划书的写作重点有所了解。

类型	适用范围与评审要点
创意组商业计划书	**适用范围：**项目具有较好的创意和较为成型的产品原型或服务模式，尚未完成工商登记注册。 **评审要点：**在商业模式方面，强调设计的完整性与可行性，完整地描述商业模式，评测其盈利能力推导过程的合理性。在机会识别与利用、竞争与合作、技术基础、产品或服务设计、资金及人员需求、现行法律法规限制等方面具有可行性。在调查研究方面，考察行业调查研究程度，项目市场、技术等调查工作是否形成一手资料，不鼓励文献调查，强调田野调查和实际操作检验。
初创组、成长组商业计划书	**适用范围：**项目具有较好的创意和已经成型的公司和服务模式，已经完成工商登记注册。 **评审要点：**在经营绩效方面，重点考察项目存续时间、项目的营业收入、纳税情况、持续盈利能力、市场份额等情况；以及结合项目特点制订合适的市场营销策略，带来良性的业务利润、总资产收益、净资产收益、销售收入增长、投资与产出比等情况。在成长性方面，重点考察项目目标市场容量大小及可扩展性以及该项目是否有合适的计划和可能性（包括人力资源、资金、技术等方面）支持其未来5年的高速成长。在商业模式方面，强调项目设计的完整性与可行性，并给出完整的商业模式描述，以及在机会识别与利用、竞争与合作、技术基础、产品或服务设计、资金及人员需求、现行法律法规限制等方面需具有可行性。在融资方面，强调融资需求及资金使用规划。

商业计划书的用途

8.2

● 寻找自己的优势和劣势

● 利于评估产品和开发市场

● 有效整合资源

● 指明方向、缓解压力

● 明确公司的宗旨和发展战略

8·3 商业计划书的构成

据统计，每年在美国开业的 100 万家新企业中，只有 1/5 的企业能够存在 5 年或更长时间，而大部分企业夭折的重要原因之一就是没有制订清晰的企业发展计划。一份商业计划书的主体内容应包括以下十个部分。

商业计划书的基本内容

● **1. 执行概要**

执行概要应包括企业（创业团队）的基本情况介绍、产品/服务介绍、市场分析、营销策略、团队与组织结构、财务预测、投资分析、风险控制、风险资金的退出机制等。这部分要语言简练、通俗易懂，控制好篇幅。

● **2. 公司介绍**

商业计划书中的公司介绍是对公司的过去、现在及将来的总体情况介绍。

● **3. 产品 / 服务介绍**

产品/服务介绍应从纵向和横向两方面做对比介绍。

纵向对比：介绍产品/服务的概念、性能及特性；核心技术；市场前景；成本；等等。

横向对比：介绍本产品/服务与现有市场上类似的产品/服务相比，优势在哪？劣势在哪？目标客户为什么会选择你的产品/服务？

● **4. 市场分析**

市场分析应包括宏观环境分析、行业环境分析和目标市场分析三个方面。

宏观环境分析：利用 PEST 分析模型[①]对创业想法进行政治、经济、社会、技术四个方面的环境分析。

行业环境分析：利用波特五力分析模型[②]对行业的现有竞争者、潜在入侵者、替代品生产者、供应商和购买者进行分析。

目标市场分析：对市场进行细分，由此选择目标市场，并明确市场的规模和未来发展空间。

● **5. 营销策略**

营销策略可以运用4P营销理论将价格策略、产品策略、渠道策略、促销策略四种基本策略进行组合。

● **6. 团队与组织结构**

团队以及组织机构介绍部分可以简要地介绍团队成员的经历以及职责，详细地介绍企业的组织架构。

● **7. 财务预测**

财务预测应包括过去三年的财务数据（如果有的话）、今后三年的财务预测，并提供相应财务报表。

● **8. 投资分析**

投资分析部分应详细说明融资计划，即创业者对资本的需求和使用规划，并用具体的数字来描述投资人可以得到的回报。

● **9. 风险控制**

风险控制是分析在行业、市场、销售、研发、运营等方面可能面对的关键风险，并拟定相应的风险规避方案。

● **10. 风险资金的回报与退出**

投资者投资回报的方式有四种：股票上市、股权转让、股权回购和利润分红。退出机制部分应注明采用何种退出方式。

执行概要	公司介绍	产品 / 服务介绍
市场分析	营销策略	团队与组织结构
财务预测	投资分析	
风险控制	风险资金的回报与退出	

│注释│

① PEST 分析模型是管理学中宏观环境分析的基本工具，是通过对政治、经济、社会和技术四个方面的分析，帮助企业检阅其所处外部宏观环境的常用方法。

② 波特五力分析模型由著名战略管理大师迈克尔·波特提出，他认为行业中存在着决定竞争规模和程度的五种力量，这五种力量综合起来影响着产业的吸引力以及现在企业的竞争战略决策。五种力量分别为：同行业内现在竞争者的竞争能力、潜在竞争者进入的能力、替代品的替代能力、供应商的讨价还价能力、购买者的讨价还价能力。

8·4 商业计划书的优化

商业计划书的必要内容

著名美国企业家、市场营销专家布鲁斯·贾德森（Bruce Judson）建议创业者用 11 条检测标准检验商业计划书。这些标准可以用来改进团队的创业想法，优化商业计划书。

1. "电梯"检测

创业团队可以尝试在电梯大约上下一层楼的时间里，用最多两个短句告诉投资者你的商业计划将如何获利。如果做不到，说明创业团队要进一步修改商业计划书，要把盈利模式描述得简单明了。

2. "最多三件事情"检测

在审视商业计划书时，创业团队要自问如下问题：

决定团队成功的三件事是什么？下一个显而易见的问题就是我具备在这个范围内成功的必备能力吗？如果没有，如何获得？

3. "假如你是顾客"检测

创业团队把自己放在潜在客户的位置上，问自己一系列问题：我会买这个公司的新产品和服务吗？如果是，为什么？作为一个潜在的买家，我是独一无二的还是很多人和我一样？我会以目前的全价购买产品和服务吗？我会立刻购买还是先了解一下？等等。

4. "差异化和市场领导权"检测

创业团队千万不要落入一个陷阱："这是一个巨大的市场，我们只需占有小部分就能成功。"你需要做的是，定义你的市场——即使它只是一个更大市场的一小部分，这样你才有与众不同之处来吸引这部分顾客。

5. "我会被包围吗？"检测

在创业之前，创业团队必须估计很常见的现象带来的风险，以及妨碍团队长期成功的可能因素。创业团队从一开始就要考虑是否能有效创办公司，阻止合伙人和供应商复制你向顾客提供的价值的企图。

6. "成本翻番"检测

"成本翻番"检测创业团队犯错误的回旋余地。创业团队看一下利润计划（预期成本，预期收益，取得收益的时间），问自己如下问题：如果成本翻番，这还是一份好的商业计划吗？如果第一年的收益只有预期收益的一半，成本又翻番，这还是一个好创意吗？

7. 留下"犯错误试验的空间"检测

好的商业计划通常留给创业者很大的犯错误的空间。创业团队要记住，最后挣的钱不一定来自于打算挣钱的地方，所以要留下试错的空间。在创业团队投入时间和精力前，用这个方法来检测公司是最有价值的。

8. "依赖性"检测

"依赖性"检测的首要法则是单一客户不能占据一个公司销售额的35%。创业团队要问问自己类似这样的问题：我的公司是否严重依赖单一客户呢？如果答案是肯定的，有办法减轻这种依赖性或者减少潜在的损失么？花时间仔细构思一个详细的权变计划。

9. "多股收入流"检测

创业团队要尽可能控制风险。控制风险的传统方法之一就是多样化，也就是说公司要从多个来源获得收益。

10. "脆弱性"检测

"脆弱性"检测是用来分析商机"最坏的情况是什么"的方法，创业团队要尝试问自己：如果公司开业运转了，什么事情会让我的公司瞬间倒闭？是否有竞争者有能力立刻将我的公司打败？

11. "不只是一条路"检测

如果你的公司——或者你即将使用的技能——能够灵活地朝多个方向发展，你将更有可能成功。但是如果你觉察到自己正在启动一个只有一条路可走的公司，那么停下来，反复思考，因为你没有多少犯错误的机会。

知识拓展

快速检测商业计划书
漏洞的方法

除了以上 11 条检测商业计划书的标准外，还要注意以下"七要"与"七不要"，它能帮助团队快速检测出商业计划书存在的漏洞。

要	不要
力求表述清楚、简洁	对产品或服务的前景过分乐观，令人产生不信任感
关注市场，用事实和数据说话	数据没有说服力，比如拿出一些与产业标准相去甚远的数据
解释潜在客户为什么会掏钱买你的产品或服务	重点解释产品或服务本身，忽略产品或服务与市场的关系
站在客户的角度考虑问题，列出引导他们进入你的销售体系的策略	对竞争没有清醒的认识，忽视竞争威胁
在头脑中要形成一个相对比较成熟的投资退出策略	选择进入一个拥挤的市场，而且企图后来居上
充分说明为什么你和你的团队最合适做这件事	用含糊不清或无事实根据的陈述
声明公司的目标	没有用一句话概述产品或服务

汇报的前期准备

8·5

创业团队正式汇报前必须做好以下六项工作：**了解观众、找准汇报的切入点、预设可能被问到的问题、练习表达、熟悉汇报时使用的设备、制作 PPT。**

一、了解观众

出色发言的基础源于发言者汇报前对观众所进行的调研。创业者要清楚，对观众而言什么是比较重要的内容，什么是感兴趣的内容，可能会问什么特殊、尖刻的问题等。

观众类型	对商业计划关注的重点
创业投资者	市场优势、创业团队、投资回报、退出方式
银行	财务计划、贷款偿付、担保风险、风险预防
创业管理者	公司前景、公司章程、决策机制、薪酬方案
创业团队	创业前景、公司战略、股权结构、公司章程
合作伙伴	公司前景、市场优势、合作条件
应聘的关键员工	公司前景、职业发展、薪酬方案、激励机制

二、找准切入点

切入点也可以称为商业计划书的"卖点"。好的切入点，是用别人意想不到的方式，以独特的视角让汇报显得内容新颖。

三、预设问题

创业者要根据观众的情况和自己的表达需要，预先设定一些问题，并提前做好展现和回答的准备。通过预设问题及回答准备，既可以帮助创业者自查商业计划书中的漏洞，及时修补，也可以帮助创业者在推介商业计划时更加胸有成竹。

四、练习表达

口头表达与书面表达存在很大的差异。汇报是用口头语言表达商业计划书的精华版，其要点是快速地切入主题，恰当地解释创业项目，在语言结构上要体现系统性与逻辑性，在表达效果上要具有冲击性。切忌照本宣科、死记硬背。

五、熟悉设备

在正式汇报前，创业者还应该完成会场布置与设备准备工作，包括事前检查、确认相应设备如手提电脑、投影仪等是否到位，并检查他们的兼容性与使用可靠性。创业者应备份演讲稿及打印稿，以防设备出现意外问题。

六、制作PPT

PPT的制作和演示必须遵循"10-20-30"原则、"橄榄球"原则、"可视化"原则、"内容为王"原则。

1."10-20-30"原则

"10-20-30"原则指的是用通过10张幻灯片、20分钟时间、30磅左右大小的字号来进行商业计划汇报。

「10-20-30」原则　●10张　　●20分　　●30磅

2."橄榄球"原则

一场能够激起台下观众反响的商业计划汇报，应该是按照"橄榄球"原则来进行设计的，开场、重点、结论的时间分别占汇报时间的 15%、70%、15%。

在开场部分，我们可以用一张 PPT 简单地描述目前人们急需解决的问题。我们可以通过讲故事、借助道具 (如产品原型)、陈述令人激动的事实等方式进行，吸引观众的注意力。

在重点部分，我们就可以开始介绍团队的商业计划，先利用商业模式画布来介绍创业项目实现的方案，接着就可以汇报产品研发、风险管理、财务预测、团队组建、公司简介等。把产品介绍放在前面是为了承接刚刚开场的问题，产品介绍就是问题的解决方案。而把团队和公司介绍放在最后，是因为只有当观众对项目产生兴趣后，才会对团队感兴趣。这里的核心就是要突出团队的优势，汇报者需要客观真实地描述事实，而不要夸大其词，泛泛而谈。

在结论部分，可以用一张 PPT 来说明此次商业计划汇报的目的是什么，为了融资、渠道还是其他资源？把团队的需求和利益分配清晰明了地告诉台下的观众。

「橄榄球」原则

15% 开场部分

70% 重点部分

15% 结论部分

3."可视化"原则

图像化的 PPT 更能激发观众的兴趣，而插入激动人心的视频，是打动观众的另一种方式，不仅能吸引注意力，更能提升整体汇报效果。

「可视化」原则

4."内容为王"原则

在 PPT 里面，内容的质量是最重要的。选取一两个关键的数据或信息进行价值分析，揭露出数据或信息所带来的影响。比如，某年某公司的营业收入达到了 100 万元，那这 100 万元能够证明什么呢？如果你在 100 万元的旁边标记"行业营收排名第一"，台下的观众自然就更能体会到这 100 万元的价值了。

「内容为王」原则

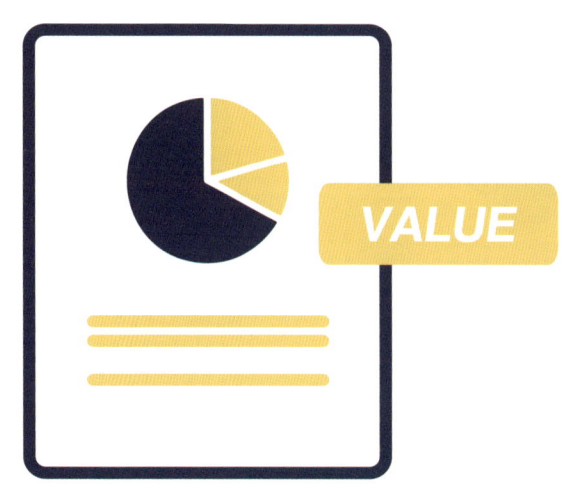

现场汇报技巧

8.6

一、汇报人的选择和分工

如何做好融资
演示

　　商业计划汇报对创业来说是极其重要的关键环节，由团队核心成员向投资人或者合作伙伴展示商业计划则显得更为重要。具体怎么分工呢？创业领袖或公司 CEO 的演讲应占全部讲话的 80% 以上，其他高层人员（不应该超过 2 位）可以就他们各自的专业领域，讲述一两张幻灯片内容或回答提问，不要出现由创业团队多个人轮流汇报的局面。如果创业领袖在汇报中无法唱主角，则显示其不具备统驭公司的能力。

二、现场答辩的技巧

- 切忌和团队的其他成员发生意见上的分歧或争执。
- 正确理解评委的提问，准确完整、及时流畅地回答观众所提的问题。
- 语言运用准确、精练，控制语速。
- 善用肢体语言。

知识拓展
慕课分享

　　如果你想更深入地了解商业计划书撰写的相关内容，可以在中国大学 MOOC 平台搜索江苏大学梅强教授的课程"创业计划"。

案例分享
林茂的冲动创业之路

24 岁的林茂大学毕业后回到家乡，寻思着自己干点什么，和另一位同学几经商议，决定开个鲜榨果汁店。于是，两人凑齐 30 万元。2013 年 12 月，林茂的鲜榨果汁店开业。

开店前，林茂认为鲜榨果汁模式正好能填补国内市场的空白。可能是因为林茂的想法太高端，实际操作时，小店无法吸引人气。为了提升销量多接几单外卖，林茂便不断在微信上宣传。

不久，林茂从外卖果汁中得到启发，推出鲜榨果汁月套餐，缩小目标人群范围，只针对写字楼里的白领，按月订购，定价 320 元 / 月，算下来大约 16 元 / 瓶。在微信上推广的同时，林茂还跑到写字楼推销。有客户觉得林茂鲜榨的哈密瓜汁太甜，怀疑加了糖。为了打消客户的疑虑，林茂带着哈密瓜，到顾客办公室为他现榨。通过网络推广和现场宣传，林茂小店的订单量开始有所提升，但还是难抵高昂的店面装修、租金和人工费用等成本。到第 4 个月，30 万元创业资金便花完了，小店自然也就关门了。

资料来源：搜狐网。

| 反思 |

1. 小林创业失败的原因有哪些？

2. 如果时光倒流至小店开业前，你会对小林提出哪些建议？

| 课后练习 |

运用本章所学知识，自由组建一个团队（3-5 人），编制一份商业计划书并制作相应的汇报演示文稿，在课程结束时进行项目汇报。

课外拓展

周鸿祎：教你打造十页完美商业计划书

一份完美的商业计划书可以让你的创业之路方向更加明晰，帮助你打动投资人。

第一，用几句话清楚地说明你发现目前市场中存在的空白点，或者存在一个什么问题，以及这个问题有多严重。比如，现在网游市场里盗号严重，你有一个产品能解决这个问题，只需要把话说清楚就可以。

第二，你有什么样的解决方案或者什么样的产品，能够解决这个问题。你的方案或者产品是什么，提供了怎样的功能？

第三，你的产品将面对的用户群是哪些？一定要明确用户群的划分。

第四，说明你的竞争力。为什么这件事情你能做，而别人不能做？你有什么特别的核心竞争力？有什么与众不同的地方？关键不在于所干事情的大小，而在于你能比别人干得好，与别人干得不一样。

第五，再论证一下这个市场有多大，你认为这个市场未来是什么样？

第六，说明你将如何挣钱？如果真的不知道怎么挣钱，你可以不说，可以老老实实地说，我不知道这个怎么挣钱，但是中国有一亿用户会用，肯定就有它的价值。你想不清楚如何挣钱没有关系，投资人比你有经验，只需告诉他你的产品多有价值就行。

第七，再用简单的几句话告诉投资人，这个市场里有没有其他竞争者，具体情况是怎样的。

有其他人在做同样的事不可怕，重要的是你能不能对这个产业和行业有一个基本了解和客观认识。

第八，突出自己的亮点。只要有一点优于对手就行。刚出来的产品肯定有很多问题，但你要说明你的优点在哪里。

第九，倒数第二页做财务分析，可以简单一些。说说未来一年或者六个月需要多少钱，用这些钱可以做什么。

第十，最后如果别人还愿意听下去，介绍一下自己的团队，团队成员的优秀之处以及自己做过什么。

资料来源：阿里云。

|参考文献|

[1] 张玉利等.创业管理[M].3 版.北京：机械工业出版社，2013.

[2] 丁栋虹.创业学[M].上海：复旦大学出版社，2013.

[3] 李文胜.创业基础[M].西安：西安交通大学出版社，2015.

[4] 万炜.创业案例集锦[M].北京：中国人民大学出版社，2013.

[5] 陈德明.大学生创业规划[M].广州：广东高等教育出版社，2014.

[6] [美]埃里克·莱斯.精益创业[M].吴彤，译.北京：中信出版社，2012.

[7] 斯晓夫等.创业管理：理论与实践[M].杭州：浙江大学出版社，2016.

[8] [美]唐纳德·F·库拉特科.创业学[M].9 版.薛红志，李静，译.北京：中国人民大学出版社，2014.

[9] 贺尊.创业计划书的撰写价值及基本准则[J].创新与创业教育.2012（10）：77-79.

[10] 唐果.大学生创业基础教程[M].北京：电子工业出版社，2012.

[11] 李时椿.创业管理[M].北京：清华大学出版社，2010.

[12] 韩炜.基于商业模式创建的新企业成长过程研究[J].软科学，2010（9）：95-99.

[13] [美]川崎.创业的艺术[M].李旭大，译.北京：当代中国出版社，2006.

主编

黄明睿　　　　　　张进

钟健雄　　　　赵华　　　　　彭炜锋　　　　王友涵

余祥治　　　陈伊颖　　　　梁金慧　　　赖梦男　　　黎浩敏

创作团队

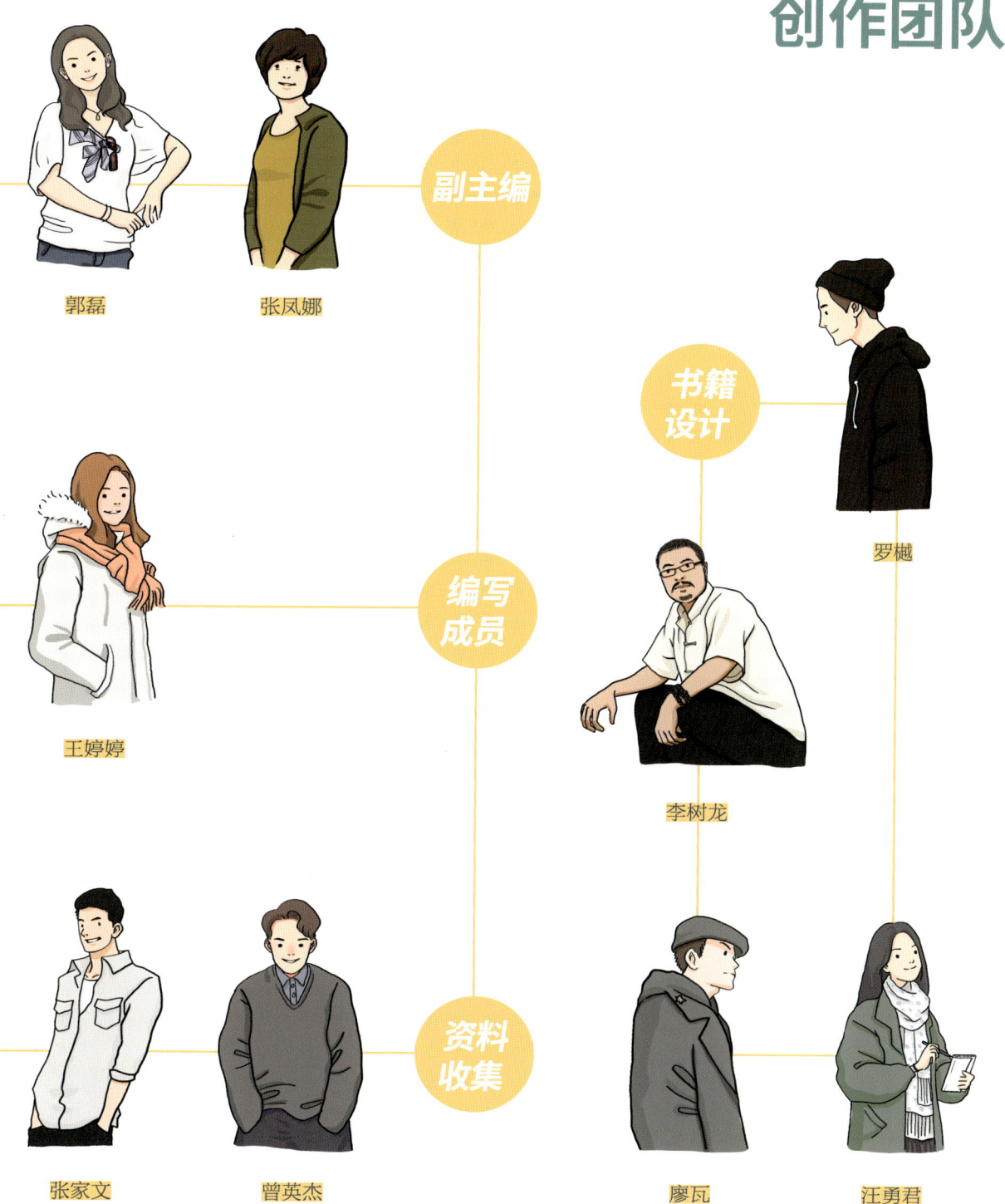

副主编

郭磊　　　　张凤娜

书籍
设计

罗槭

编写
成员

王婷婷

李树龙

资料
收集

张家文　　　曾英杰

廖瓦　　　　汪勇君

《创新与创业基础》编者信息

主　　编： 黄明睿　　张　进

副 主 编： 郭　磊　　张凤娜

编写成员： 钟健雄　　赵　华　　彭炜锋

王友涵　　王婷婷

资料收集： 余祥治　　陈伊颖　　梁金慧

赖梦男　　黎浩敏　　张家文

曾英杰

郑重声明 高等教育出版社依法对本书享有专有出版权。任何未经许可的复制、销售行为均违反《中华人民共和国著作权法》，其行为人将承担相应的民事责任和行政责任；构成犯罪的，将被依法追究刑事责任。为了维护市场秩序，保护读者的合法权益，避免读者误用盗版书造成不良后果，我社将配合行政执法部门和司法机关对违法犯罪的单位和个人进行严厉打击。社会各界人士如发现上述侵权行为，希望及时举报，本社将奖励举报有功人员。

反盗版举报电话　（010）58581999　58582371　58582488

反盗版举报传真　（010）82086060

反盗版举报邮箱　dd@hep.com.cn

通信地址　北京市西城区德外大街 4 号　高等教育出版社法律事务与版权管理部

邮政编码　100120